絵とき 建築材料

改訂3版

廣瀬 幸男・赤石 辰夫・遠藤 真弘・廣瀬 妙子 共著

Ohmsha

はしがき

　本書の初版は 1988 年発行，まだパソコンは一般的な普及前で，原稿作成は手作業でした．「これから建築を学ぶ方々へ，文章とイラストでわかりやすく解説する本を書いて欲しい」というご依頼を発行元の株式会社オーム社出版局からいただいたのが始まりです．

　そこで，建築材料の基本を 80 項目に分け，左ページに解説文・右ページに関連するイラストを配置して，見開き 2 ページで 1 項目を学ぶスタイルとしました．当初より読者は大学，専門学校などで学習する若い方々を対象に設定し，将来の専門家に必要な基本用語を理解できるように，わかりやすい文章とシンプルなイラストで構成するよう心がけました．

　初版のはしがきでは「適材適所」を全体のキーワードに，以下の 4 点を目標に挙げました．これは発行から 30 年以上経過した今回の改訂 3 版でも変わっていません．

① **材料の性質を知る**

　　建築の材料には，木材・石材・金属・コンクリート・プラスチック・タイルなど多種多様なものがあり，天然素材と工業製品を混在させて使用されています．それぞれ長所・短所があり，使用方法に注意が必要なため，材料の性質を知ることは大変重要です．

② **建築の用途・機能に適したものを選ぶ**

　　住宅ではくつろげる，暖かみのある材料を使い，オフィスでは仕事の能率が上がり，工場では疲労度や危険性の少ない材料，病院では衛生的で安全な材料を使用します．このため，材質・形状・色などを吟味して，空間の機能を円滑に発揮できる材料を選定します．

③ **構造材と仕上材を使い分ける**

　建築の柱・はり・床・壁などの主要な骨組をつくる材料を構造材といいます．その表面を仕上げる，木材・石材・タイル・壁紙などを仕上材といいます．構造材には主に強度や耐久性・耐火性が要求され，仕上材にはデザイン性，耐候性，感触のよさなどが必要です．

④ **社会のニーズに合わせる**

　建築と社会のニーズの間には密接な関係があります．風土・経済状況・技術水準などの諸条件から建築にさまざまな要求があげられます．この要求を達成するために新しい建築材料や工法が開発されてきましたが，木材などのような天然素材は消費されてなくなる可能性があり，計画的な使用が地球規模で望まれています．

　初めの改訂（改訂 2 版）は 2002 年でした．社会は急速に IT 化が進み，新素材・新工法の開発，コンピュータを使用した建築設計（CAD）の普及に加えて，資源・環境とリサイクル，高齢社会とバリアフリーなどに対する社会的ニーズが増加し，建築を取り巻く環境が大きく変化しました．このため，改訂 2 版では内容を見直し，新しい課題・ニーズに関する内容と項目を加えて再構成しました．

　改訂から 20 年が経過し，再改訂（改訂 3 版）の機会をいただき，建設業界を改めて見回すと，技術発展はもちろんありますが，世界全体の情報化が進み，社会的なニーズや価値観が変化し，相互に関連性を持ってダイナミックに動いている状況があります．

　2015 年に国連で採択された SDGs（持続可能な開発目標）は学習のキーポイントとなるものですが，2030 年を目標達成としているため，建設業界の具体的な活動はこれからも持続的に進めて行くことになるでしょう．未来を築く若い方々が建築材料の基本を学び，建築計画，構造，設備，施工などの専門分野だけでなく，社会経済や資源・環境分野と幅広く関連性を考えて活動することを期待しています．

　また，今回の改訂では，基本事項の見直し・訂正に加えて，学習効果の向上を図るために各項目の重要事項を「**太字**」で表記しました．さらに，読者の方々が学習達成度を知ることができるよう「**確認問題**」を右ページ下段に新設しました．この確認問題は建築初学者の目標となるであろう二級建築士レベルとして設定していますので，ご活用下さると幸いです．

　最後に本書のまとめにご尽力いただいた株式会社オーム社編集局の方々に深く感謝いたします．

2022 年 6 月

著者代表　廣瀬　幸男

目 次

CONTENTS

MEMO

1 建築と材料

1 建築と材料の流れ

古代から，建築物はその国・地方の気候，風土に合わせて造られてきた．人間を風雨や外敵から守るために建てられた．これに使用される材料は，身近にあって，大量に得られるものを多く用いた．木材が豊富な地方では木造建築が多く建てられ，石材を得やすい国では，巨大な石造建築物が造営されてきた．また，時代の変化により建築はさまざまに変わってきた．太古の時代，木・草・毛皮・石などを用いた竪穴式住居で村落を構成していたが，強力な指導者，王の出現により都市が生まれ，広場や宮殿が造られた．

こうして，個人の住居と違う形式・規模の建築が造られるようになって，材料の使い方も変化してきた．

ローマ帝国の時代には，交通機関の発達と合わせて各国の文化が入り交じり，それにつれて建築技術の交流が進んだ．こうなると，単に技術のみでなく，職人・技術者とともにその地方特産の材料が一地方で使われるだけでなく，広く普及し始めることとなった．

18世紀の産業革命以後は，広範囲で急激な技術革新とデザインの交流が行われ始めた．セメント量産化，製鉄技術の進歩から，鉄筋コンクリート造・鉄骨造が考案され，これがかつてないほどの短期間に世界中に普及した．近代建築に代表される鉄・コンクリート・ガラスの建築が次々と建てられた．これらは時代のニーズと施工技術の進歩に相まって，より機能的で，より経済的な建築を造る結果となった．また，技術の発展に伴って材料の発達という現象も生むに至った．

そして，現代では建築に対して，機能的で大きく，経済的なだけでなく，資源のリサイクル，環境への配慮とともに人間に対してより快適な空間の創造を求めている．

多種多様な材料と構造を選択し，よりよいデザインの建築をつくり上げることが必要である．良好な設計のポイントは「適材適所」，求められる空間の機能と使用される建築材料の種類と特徴をよく検討・吟味し，使い分けて使用するとよい．

2 建築材料の分類

建築の材料は以下の3項目に大別される．

① 生産面

a. **天然材料**：木材・石材などの自然物，簡単な加工で使用が可能．

b. **人工材料**：合板・セメント・鉄などの加工品．種類が豊富である．

② 素材面

a. **有機材料**：木材・布・アスファルトなどの石油系製品．植物・動物を素材とする材料である．

b. **無機材料**：石・れんが・コンクリート・ガラスなどの製品．無機物を素材とする材料である．

③ 用途面

a. **構造材料**：建築の骨組（躯体）を構成する材料で，強度・耐久性を要求される．木材・鉄・コンクリートがあげられる．

b. **仕上材料**：表面を覆い，仕上げに用いる材料で，美しさ・耐久性・安全性を要求される．木材・ガラス・金属・塗料・タイルなど種類が多い．

建築材料は使用される部位と形状，用途によって適応するか否かを判断し，素材の性質に応じた使い方が望ましい．なお，各材料の品質・規格には，日本産業規格（JIS），日本農林規格（JAS），日本建築学会建築工事標準仕様書（JASS）などがある．

また，資源の有効利用を図るためにアルミ，スチール，ペットボトルなどの材質別にリサイクル表示が行われている．

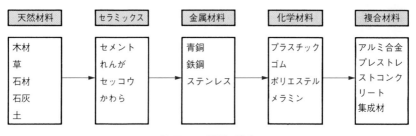

図1-1　材料の進歩

表1-1　建築材料の要求性能

材料性質	構造材料	仕上材料	遮断材料	耐火材料
物 理 的 性 質	非変形性	熱・音・光の透過，反射	熱・音・光・水分の遮断	高融点
化 学 的 性 質	錆，腐食，中性化		耐食性	化学的安定
耐 久 性 質	凍害，変質		耐腐朽性	耐久性
力 学 的 性 質	引張・圧縮，剛性，耐疲労性	じん性	防音，防熱，防水	高温強度高温変形
防火・耐火性質	不燃性，耐熱性	非発煙性，不燃性		不燃性
感 覚 的 性 質	安心感	色彩，触感	快適	防災

JISマーク
（日本産業規格への適合を示す）

日本農林規格

グッドデザイン賞

優良住宅部品

コンクリート型枠用
合板の表示例

リサイクル

エコマーク

図1-2　各種規格・認証マーク

2 木材と日本建築

1 木造建築の発達

一般に建築材料の歴史は自然の素材である木・草・土・石・皮などの利用から始まる。その地方の気候風土に合わせて，各種の材料が使用され，現在のものへ発展してきた。

この中でも木材は，その生育地である森林が南北アメリカ，アジア，ヨーロッパなどの世界中に広く分布し，入手しやすいために，古くから主要な建築材料として使用された。しかし，木材は単に大量に産出されるという理由で普及したものではなく，軽いが強度があり，運搬に便利で，加工が容易で扱いやすく，人間の感覚になじむ独特の質感を持つ点が評価されたと思われる。国・民族・時代の変遷による建築構造・施工技術の進歩に伴い，木材はその社会状況や経済性・ニーズに合わせて使用され，発展を遂げてきた。

2 日本の木造建築

縄文時代には，木材数本を円錐形に束ね，草木で屋根をふいた竪穴式住居がつくられた。やがて，静岡県の登呂遺跡で出土した**高床式建築物**も出現し，木造建築が普及し始めた。

6世紀頃には，中国・朝鮮半島から仏教が伝わり，同時に社寺建立のために建築技術が導入された。大陸と技術交流を進める中から，現存する最古の木造建築である奈良・法隆寺が建立され，その後，平安時代に貴族の邸宅建築である**寝殿造り**が生まれた。鎌倉時代には武家に中心が移り，貴族の生活様式と異なり，実質本位の備えを施した武家造りの住宅ができ，室町時代・江戸時代には**書院造り**や城郭建築へ発展した。

これらの日本の風土に合う建築様式，技術が発達する中で「わび・さび」といった日本独自の価値観も培われて，数寄屋造りという形式も生まれ，材料使用に独特のものがある。

建築構造としては，西洋建築の主流をなす石造・れんが造と異なり，基本的には垂直材（柱）と水平材（はり）によって架構された骨組により荷重や風圧力・地震力などの外力に対処する方法を用いている。

壁は細い竹（小舞竹）を編んで下地とし，両面に土を塗る工法が一般的である。したがって，壁は力学的な役割というよりも，デザイン的要素として，窓・出入口など開口部の位置と大きさに自由度が高く，柔軟性のある設計ができる点が興味深い。

これに対して，西洋の石造・れんが造は，切石や日乾れんがを積み重ねる組積式が多く，壁は力の伝達に必要な構造要素である。このために，日本建築と異なって，開口部に制限を受けることとなるが，地震が少なく，良質な石材が豊富に産出される西洋では，木造だけではなく，石造が多く建設された。

日本では明治期以後に近代化を進め，先進技術の導入により，鉄筋コンクリート造や鉄骨造建築が続々と建てられ，今日の都市を形成することとなった。しかし，住宅建築において木材はいまだに主流を占めている。

日本における木材と木造建築の発展には，主に以下のような理由が考えられる。

・木材は断熱性とともに吸湿性・放湿性があり，日本の気候・風土，とくに夏季の高温多湿に対して，過ごしやすい空間を造るのに適している。

・加工が容易で，細工しやすい。

・産地からの材料運搬には河川を利用することが多い。日本の河川には狭い急流が多く，石材よりも木材の運搬に適する。

・日本には地震が多く，組積式の石造などよりも木構造が適している。

木材の特徴については次項で述べる。

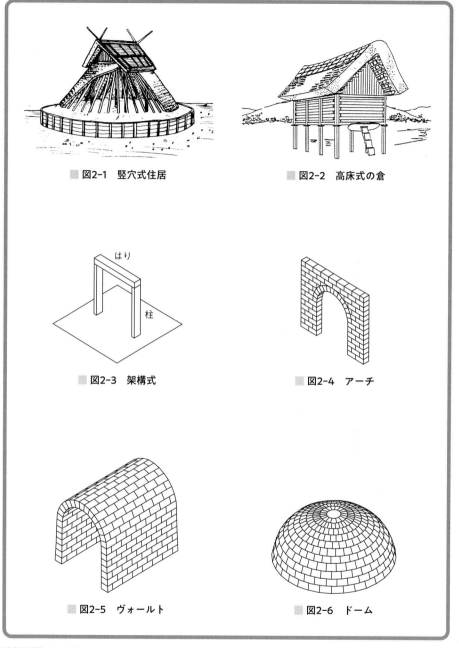

■ 図2-1　竪穴式住居

■ 図2-2　高床式の倉

はり

柱

■ 図2-3　架構式

■ 図2-4　アーチ

■ 図2-5　ヴォールト

■ 図2-6　ドーム

確認問題　次の問題のうち，正しいものには○，誤りのものには×で答えよ.　　　解答は162ページ➡

□□ ① 伊勢神宮内宮正殿は「神明造り」の建築様式の建築物で，基礎石と土台の上に建物が建てられている.

□□ ② 鹿苑寺金閣は，最上層が城郭建築，二層が和様仏堂風，一層が住宅風の形式の建築物である.

□□ ③ 姫路城大天守は城郭建築最盛期の建築物であり，白漆喰で塗り籠められた外壁が特徴である.

5

3 木材の特徴と構造

1 木材の長所

① 生産面から見た長所

・日本の山林で良質の木材が得られる.

・世界各地で産出しており, 原材料として入手しやすく, 価格が比較的安い.

② 材質面から見た長所

・軽量のわりに強度が大きい. 引張強さは通常のコンクリートよりも強い.

・軟質なため, 切り削り, くぎ・接着剤による接合などの加工が簡単である.

・熱伝導率が小さいので断熱効果がある.

・吸水性があり, 結露しにくい.

・比較的じん性（ねばり）があり, 施工に注意すれば耐震的である.

③ デザイン面から見た長所

・素材として美しく, 多数の樹種がある.

・自然な感触が人間にとって心地よい.

2 木材の短所

① 生産面から見た短所

・木材は生育に時間を必要とし, 製材の点からも長大材が得にくい.

・天然資源には限りがあるので, 計画的に植林や伐採を行う必要がある.

② 材質面から見た短所

・可燃性があり, 火災に弱い.

・木材中の水分量（含水率）により変形を起こす. 乾燥するにつれ強度は上がるが, 割れ, ねじれの欠点を生じる場合がある.

・吸水性, 吸湿性があるので, 高温・高湿の環境では腐朽しやすい.

・節や割れがあり, 材質が均一ではない.

・虫害, 腐朽に注意が必要である.

③ デザイン面から見た短所

・節や割れの扱いに配慮が必要である.

・線状の材料としての性格が強く, 石材のような面材と異なるデザインとなる.

3 木材の構造

木材の構造は主に, **樹皮・木質部・樹心**の三つの部分によって構成されている.

① 樹皮

樹幹を保護するために, 木材外周部に形成された硬い細胞膜の層をいう. 内側を内樹皮, 外側を外樹皮と分類している.

② 木質部

木材の主体をなす部分をいう. 木材は日照と水分, 地中の養分を吸収して成長するが, 春・夏と秋・冬とでは成長の進度が異なる. 前者を春材, 後者を秋材という. 春材は木材の成長期で淡い色調を持つ. 秋材は低成長期で, 細胞は小さく詰まっており, 色調は濃い. 年輪はこの両者によって構成されるが, 四季のはっきりしない地方では明確にならない.

③ 樹心（髄心）

木材中心部の色調の濃い部分をいう. 木材は中心へ向かうほど古い部分となり, 樹脂などの有色物質が多く, 色調が濃く見える. また, 細胞が弾力性を失い, 硬くなっている.

④ 心材（赤味）と辺材（白太）

一般に木質部を**心材**と**辺材**に分類している. 心材は樹心に近い部分を含み, 色調が濃い. 針葉樹（とくにスギ）は赤味を帯びて, 樹脂やタンニン含有量が多く, 腐朽に対して抵抗力がある. 水分が少ないので硬く, 強度があり, 乾燥による変形は少ないが, 割れに対しては注意が必要である.

これに対して, 辺材は樹皮に近い部分で, 細胞が若くて樹液を多く含んでいる. 色調が白く, 水分が多いため軟らかく, 乾燥すると収縮が大きいので変形・虫害・腐朽に注意を必要とする. 辺材は次第に心材へ変化するが, 若い木材ほど辺材が多い. また, 同一の樹木でも上方部分（**末口部**）のほうに辺材が多い.

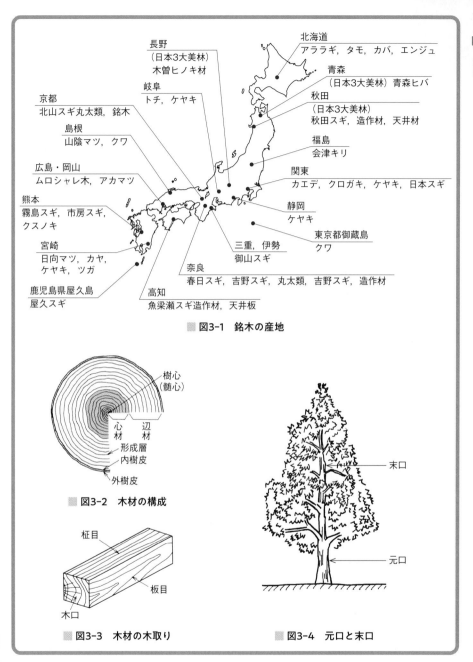

図3-1 銘木の産地

北海道
アララギ，タモ，カバ，エンジュ

青森
（日本3大美林）青森ヒバ

秋田
（日本3大美林）
秋田スギ，造作材，天井材

福島
会津キリ

関東
カエデ，クロガキ，ケヤキ，日本スギ

静岡
ケヤキ

東京都御蔵島
クワ

長野
（日本3大美林）
木曽ヒノキ材

岐阜
トチ，ケヤキ

京都
北山スギ丸太類，銘木

島根
山陰マツ，クワ

広島・岡山
ムロシャレ木，アカマツ

熊本
霧島スギ，市房スギ，
クスノキ

宮崎
日向マツ，カヤ，
ケヤキ，ツガ

鹿児島県屋久島
屋久スギ

高知
魚梁瀬スギ造作材，天井板

三重，伊勢
御山スギ

奈良
春日スギ，吉野スギ，丸太類，吉野スギ，造作材

図3-2 木材の構成

樹心（髄心）
心材
辺材
形成層
内樹皮
外樹皮

図3-3 木材の木取り

柾目
板目
木口

図3-4 元口と末口

末口
元口

確認問題 次の問題のうち，正しいものには○，誤りのものには×で答えよ.　　解答は 162 ページ →

□□① 辺材は表皮に近い白色の部分から得られる木材で，立木の状態で含水率が高い部分である.

□□② 木材の乾燥収縮率は，繊維方向より年輪の接線方向のほうが小さい.

□□③ 辺材の方が心材より硬く，シロアリの食害を受けにくい.

4 木材の種類

1 針葉樹と広葉樹

　木材には，成長して長さが伸びるとともに太さも増す「外長樹」と，ヤシのように長さは伸びるが，太さは変化が少ない「内長樹」の2種類がある．建築材料に適する「外長樹」を針葉樹と広葉樹に分類している．

① 針葉樹の特徴と代表的な樹種

　木質部の繊維細胞が細長く，通直性のある木材で，柱やはりなどの構造用材料や和室の仕上材料として広範囲に使用される．

- ・材質は軟らかく，軟木類といわれる．
- ・軽量だが欠けにくく，加工しやすい．
- ・通直なものが多く，長材が得やすい．

- a. スギ：辺材は白く，心材に赤味が強い．構造材・天井材・建具など用途が広い．
- b. ヒノキ：香りよく，木理が美しい．高級建築用に使用され，価格はやや高い．
- c. ツガ：ヒノキに次ぐ良材で，やや硬く，主に構造用に多く使用される．

② 広葉樹の特徴と代表的な樹種

　針葉樹と比較して重量があり，材質の硬いものが多く，硬木類ともいわれる．

　和室・洋室の造作や建具などの仕上用，家具（とくにキリ）などによく使用される．

- ・木肌は滑らかではないが，味わい深い．
- ・切口（木口）はざらざらしたものが多い．
- ・長材は得にくく，柱・はりなどの長さが必要な構造材より，家具・仕上用に向く．

- a. ケヤキ：表面には光沢があり，曲がり，そりなどの欠点も少ない．建具・家具・縁甲板などに使用される．
- b. ナラ：表面は淡黄色でやや赤味がある．乾燥するにつれて狂いが出やすく注意．家具・建具・ベニア原木に使用される．
- c. キリ：独特の灰白色をしており，軽量で美しい．防虫効果があり，たんすなどの家具用材で名高い．

2 銘木

　日本建築では，和室の床の間や床・天井の仕上材に木理が美しく，観賞価値の高い木材を使用する場合が多い．これを銘木といい，日本農林規格で以下のように定められている．

- ・材質または形状が極めてまれなもの．
- ・材質が極めて優れているもの．
- ・観賞価値が極めて高いもの．

　銘木は少量で，希少価値があるだけに価格も高くなるが，他材料とのバランスを考えて建築に使用することが望ましい．

3 輸入木材

　日本では木材を建築材料としてだけでなく，社会生活で大量に消費している．このため，国内生産だけでは需要に対して不足し，南北アメリカ，東南アジア，北欧など諸外国からの輸入材に依存しているのが現状である．代表的なものを以下に述べる．

① 北アメリカ産針葉樹材

　北アメリカからは主にベイマツ・ベイヒ・ベイツガなどの針葉樹が多く輸入されている．一般に大材が多く，節が少なく，目の通ったものが多い．木肌は国内産のほうが光沢に富み，これと比較するとやや品質が落ちる．また，材料だけではなく，木造の工法も導入された．小さい断面の角材と構造用合板でパネル式に建築を組み立てる工法で，ツーバイフォー工法（枠組壁工法）といわれる．

　また，このほかに丸太材（スプルス・パイン）を使用したログハウスも人気を集めている．

② 南洋産広葉樹材

　タイ，フィリピン，マレーシア，台湾などの東南アジア方面からは広葉樹が中心に輸入される．主として建具・家具・造作の仕上用，ベニア合板の原木用に使用される．ただし，南洋材は虫害への注意が必要である．

■ 表4-1　国内産の主要な木材

分類	樹種	主な産地（地方）	心材	加工性	材質	用途
国内産針葉樹	スギ	奥羽・東海・近畿	淡紅色	よい	軟質で木理通直	建築一般
	ヒノキ	中部・東海・近畿	淡黄色	よい	香気があり，上質	高級建築用
	アカマツ	東北・関東	赤褐色	—	耐湿性あり	構造材・造作材
	ツガ	近畿・九州	淡褐色	よい	光沢，耐久性あり	構造材・造作材
	ヒバ	東北・中部・東海	淡黄色	普通	耐久性あり	構造材・造作材
国内産広葉樹	ケヤキ	奥羽・東北・近畿	黄褐色	よい	光沢あり・反曲小	造作材・家具・建具
	キリ	東北	淡褐色	よい	独特の質感・高級	建具・家具
	サクラ	近畿・四国・九州	褐色	普通	硬質・仕上に適す	造作材・建具
	ナラ	北海道・東北・中国	黄褐色	よい	やや硬質	縁甲板・家具・建具
	タモ	北海道・東海	淡黒褐色	普通	木目が美しい	家具・建具

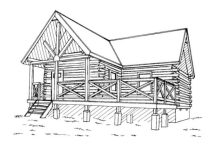

■ 図4-1　ログキャビン

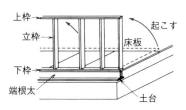

■ 図4-2　ツーバイフォー工法

上枠
立枠
起こす
床板
下枠
端根太
土台

■ 表4-2　輸入木材の主要な樹種

分類	樹種	主な産地	心材	加工性	材質	用途
北アメリカ産針葉樹	ベイマツ	ワシントン州ほか	淡赤色	普通	大材で樹脂分多い	構造用・板類
	ベイスギ	北アメリカの西海岸	赤褐色	よい	均質な大材がある	造作材
	ベイヒ	オレゴン州ほか	黄白色	よい	香気強く，光沢少ない	構造材・造作材
	ベイツガ	オレゴン州ほか	紫淡褐色	よい	木理通直	構造材
	スプルス	アラスカ州ほか	淡褐色	よい	軟質	造作材
南洋産広葉樹	チーク	タイ・ビルマ	淡紅褐色	よい	木理美しく耐久性あり	造作材・家具
	ラワン	フィリピン・熱帯アジア	黄白色・淡黄色	よい	木喰い虫に注意	造作材・合板

確認問題　次の問題のうち，正しいものには〇，誤りのものには×で答えよ.　　　　解答は 162 ページ➡

☐☐① スギやヒノキなどの針葉樹は加工がしやすいが，構造材には適さない.

☐☐② 木材の比重は樹種の空隙率により異なるが，真比重は各樹種もほぼ一定である.

☐☐③ ツーバイフォー工法は，断面が 2 インチ × 4 インチの部材と合板で構成したパネルを使い，床・壁・屋根などを箱状に組み上げる工法である.

5 木材 伐採と製材

1 木材の伐採

① 伐採

　木材を産地から切り出すことを伐採という．伐採の時期は木材の成長が比較的緩慢な冬季に行うが，作業や運搬方法を考えると，降雪のために作業困難な地域もあり，樹液が飽和状態となる夏季に伐採を行う地方もある．

　木材は消費することに比べて，その育成に時間と手間がかかる．スギ・ヒノキなどでは20年以上必要と考えられるので，計画的な「植林→育成→伐採」が望まれている．

② 原木と貯蔵

　伐採する木は強度の点からも樹幹内に空洞のある老木は避ける．山中で切り出された木は，運搬用に適当な長さに切られる．これを「**原木**」という．また，運搬に便利なように小枝を落とし，木の周囲に丸みをとるようにはつりを入れた原木を「そま角」という．

　これらの原木は，いかだ・ロープウェイ・トラックなどで製材所へ運搬される．すぐに製材するのではなく，貯木場で木材中の水分調整を考慮しながら貯蔵される．

2 木取り

　原木は墨かけ（寸法により印を付けること）を行い，角材・板材などに加工される．需要と使用場所，デザインを考えてさまざまな寸法に木材をひく計画を「木取り」という．

・木材の傷，割れに注意する．
・収縮，変形を形状から予測する．
・1本の原木から効率よく材料をひき出すように廃材を減らす（＝歩留り）．

① 木理

　木材は柱や土台などの構造材として，壁や床の内部の見えない部分に使われるだけではなく，仕上材として表面にも使用されるので，外観の美しさに注意を払う必要がある．

　木材を製材する位置と方向により，年輪が美しい文様を描く．これを「木理」といい，**柾目**と**板目**に大別できる．柾目は材料の長辺方向に平行に現れる木理で，次の種類がある．

a. 本　柾：原木の中心で製材し，木理は平行線．
b. 糸　柾：柾目の間隔が細く，化粧材に珍重される．
c. 半　柾：追柾ともいい，木理が粗い．
d. 流れ柾：木理が斜めに流れている．
e. 四方柾・三方柾・二方柾：主に化粧柱などで，表面のうち何方向の面に柾目が出ているかを表す名称である．

　柾目は板目に比較して収縮，変形が少ない．板目は木理が山形状または波状に現れたもので，とくに変化があり，美しい形状のものを**杢目**（もくめ）と呼び，高価である．

　杢目は根元に近く，繊維が複雑に交差している部分から取れるが，どの木にもあるものではなく，少量しか産出されない．その種類には，如輪杢・珠杢・銀杢・ちりめん杢などがある．

② 心持ち材と心去り材

　木材の軸方向に対して，垂直に切断した面（切口）を**木口**という．木口を見たときに心材を含むものを**心持ち材**，心材を含まずに辺材のみで構成される材料を**心去り材**という．心持ち材は変形が少なく，強度もあり構造材に適している．その木理は板目になりやすい．心去り材は柾目取りができ，仕上材に向くが，収縮・変形が起きたり，虫害の心配もある．

3 製材

　木材は日本農林規格（JAS）により，形状と寸法が定められており，板類，ひき割類，ひき角類などに分類される．原木から欠点や不要な部分と，のこぎりにより削られる部分（あさり）を除くと実質はもとの60％程度の歩留りとなる．

表5-1　材種の区分と用途（JAS より）

大分類	細分類	用途	基準
板類 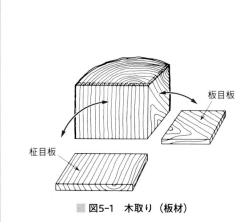 厚さ：7.5 cm 未満 幅　：厚さの 4 倍以上	板	天井板，羽目板，床板，鏡板， 野地板，荒床板，下見板，ぬき（貫）	厚さ：3 cm 未満 幅　：12 cm 以上
	小幅板	ぬき（貫），腰羽目板，付け長押， 縁甲板，床板	厚さ：3 cm 未満 幅　：12 cm 未満
	斜面板	下見板，長押，平淀，登淀，広小舞， 横断面が台形の板	厚さ：— 幅　：6 cm 以上
	厚板	棚板，階段板，甲板，家具， カウンタートップ（天板）	厚さ：3 cm 以上 幅　：—
ひき割類 厚さ：7.5 cm 未満 幅　：厚さの 4 倍未満	正割	さお縁（竿縁），たる木（垂木）， 野縁，根太	横断面が 正方形のもの
	平割	敷居，鴨居，間柱，胴縁，幅木， 窓枠材，建具，額縁，筋かい	横断面が 長方形のもの
ひき角類 厚さ：7.5 cm 以上 幅　：厚さの 4 倍未満	正角	柱，土台，母屋，つか（束），むな木（棟木）， 大引，床かまち（框），親柱	横断面が 正方形のもの
	平角	はり（梁），けた（桁），上りかまち（上り框）， ささら（階段に使用）	横断面が 方形のもの

図5-1　木取り（板材）

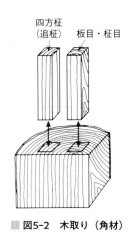

図5-2　木取り（角材）

確認問題　次の問題のうち，正しいものには○，誤りのものには×で答えよ.　　解答は 162 ページ➡

□□① 木裏とは，板目や追柾目の板などを採材したときの樹皮側に当たる面をいう.

□□② 目切れは，製材された木材の木目が平行ではなく，斜めに途切れることをいう.

□□③ プレカット方式は，木材の継手・仕口等の加工を工場の機械であらかじめ行う方式をいう.

6 木材の性質

1 木材の乾燥

① 木材の含水率

　伐採前の木材内部には，40% 以上の水分を含む．この水分量を**含水率**という．この水分は繊維細胞の間にある「自由水」と繊維細胞膜内に含まれる「吸着水」，繊維細胞の中に含まれる「生理水」に分類される．

　伐採後は，自由水→吸着水→生理水の順序で乾燥を始め，次第に含水率が低下する．一般に，含水率は以下の 3 段階で表示される．

- **a. 繊維飽和点**：含水率 30%（自由水なし）．樹種が異なる場合でも一定．
- **b. 気乾状態**：含水率 15%（平衡状態）．大気中の湿気と同じ状態．
- **c. 絶乾状態**：含水率 0%（水分がない）．

② 乾燥の目的

　木材は乾燥して含水率が低下し，軽くなるとともに強度は上昇するが，収縮を生じる．このため，伐採後に一定の乾燥期間を設けて，加工・設置後に収縮と変形が起きないように配慮する必要がある．また，乾燥させることで腐敗菌の繁殖と損傷を防ぐこともできる．

- **a. 構造用**：含水率 15% 以下．
- **b. 家具・造作用**：含水率 10% 以下．

③ 乾燥方法（以下を併用する場合がある）

- **a. 浸水乾燥**：貯木場で 3〜4 週間清流中に浸し，樹液を流してから大気乾燥する．
- **b. 大気乾燥**：直射日光・雨を避けて天日で数か月間乾燥する．広葉樹は長い．
- **c. 人工乾燥**：蒸気・電気・乾燥剤を使用し，低温から次第に高温で乾燥させる．

④ 乾燥による変形

- ・変形は曲がり，そり，割れなどが生じる．
- ・比重の大きい材料ほど変形が大きい．
- ・収縮は**板目 > 柾目 > 繊維方向**の順に小さい．
- ・辺材は心材より収縮による変形が大きい．

2 木材の比重・強度

① 比重

　木材は軽い材料で，比重 1.0 以下のものが多い．通常は，気乾状態の材料の単位容積重量に相当する「かさ比重」で表す．

② 強度

　木材は気乾状態のとき，生木の 1.5 倍程度の強度を示す．また，比重の大きい樹種のほうが強度は高い（広葉樹の強度が高い）．

　圧縮強度を 100 とした場合に，引張・曲げ強度は 110，せん断強度は 10 程度を示す．

3 木材の欠点

　木材は自然物であるため工業製品と違い，1 本の材料中で，**節や割れ**，収縮と変形などの欠点を含む．強度・耐久性に影響がある．

① 割れ

- **a. 心割れ**：中心から外側へ放射状の割れを示す場合．
- **b. はだ割れ**：外側から中心へ向かう割れ．心持ち材に多く，背割りなどで防止可．
- **c. 目まわり**：年輪に沿ってできる割れ．春材と秋材の収縮が異なって起きる．

② 節

　枝の断面が跡として残ったもので，硬く，加工しにくい．まだ樹幹の繊維とつながりのある生節と，分離して抜けやすい死節がある．

③ その他の欠点

- **a. 入り皮**：樹皮が木質部に入り込んだもの．
- **b. やに壷**：年輪の間にやにがたまったもの．
- **c. あ　て**：木質が硬く，加工が難しい．
- **d. 胴打ち**：運搬中にできた損傷．

4 木材の腐朽と虫害

　木材は通風をよくし，乾燥状態にある場合はほとんど腐らないが，床下のように日光が当たらず，高温多湿な場所は腐朽菌が繁殖しやすく，シロアリなどの虫害も受けやすい．換気と通風・塗装・薬剤処理を行って防ぐ．

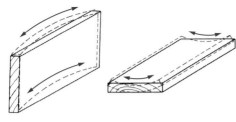
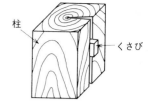

■ 図6-1　そり　　　　　　　　　　　■ 図6-2　柱の背割り

■ 表6-1　木材の許容応力度〔N/mm²〕（建築基準法，同施行令，告示より）

木材種別 （無等級材の場合）	長期				短期
	圧縮	引張	曲げ	せん断	
	$1.1 F_c/3$	$1.1 F_t/3$	$1.1 F_b/3$	$1.1 F_s/3$	
針葉樹　アカマツ・クロマツ・ベイマツ	8.14	6.49	10.34	0.88	基準強度のそれぞれの数値の2/3倍
針葉樹　ヒノキ・ヒバ・カラマツ・ベイヒ	7.59	5.94	9.79	0.77	
針葉樹　ツガ・ベイツガ	7.04	5.39	9.24	0.77	
針葉樹　スギ・ベイスギ・モミ・エゾマツ	6.49	4.95	8.14	0.66	
広葉樹　カシ	9.90	8.80	14.08	1.54	
広葉樹　クリ・ナラ・ブナ・ケヤキ	7.70	6.60	10.78	1.10	

（注）F_c，F_t，F_b，F_s はそれぞれ圧縮，引張，曲げ，せん断に対する規準強度，数値は省略

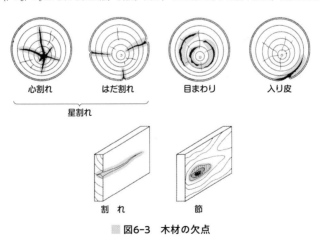

心割れ　　　　はだ割れ　　　　目まわり　　　　入り皮

星割れ

割れ　　　　　　　節

■ 図6-3　木材の欠点

確認問題　次の問題のうち，正しいものには〇，誤りのものには×で答えよ.　解答は162ページ➡

□□① 繊維飽和点とは，木材を大気中で十分に乾燥させ，木材中の結合水と大気中の湿度が平衡状態に達した時点をいう.

□□② 心持ち材の収縮率が接線方向と半径方向とで大きく異なることは，乾燥割れの要因となる.

□□③ 木材の腐朽菌は，酸素・温度・水分・栄養の４条件が満たされた環境で繁殖する.

13

7 合板・集成材

1 合板

① 薄板の製造

合板は薄板（ベニヤ：veneer）を接着剤ではり合わせたもので，本来はプライウッド（plywood）と呼ぶ積層材である．通常は3層以上の薄板を奇数枚はり合わせる．

a. ロータリーベニヤ：原木を一定の長さに切り，幅広のかんな状の刃をあてて，原木を回転させながら薄板をつくる．

b. ソードベニヤ：原木を角材にし，軸方向にのこを使用して薄板をひき出す．

c. スライスドベニヤ：原木を角材にひき，軸方向にかんな刃を使用して薄板をひき出す．表面のきれいな板を生産できる．

② 合板の構造と種類

合板の構造は表面（見付面）の板を化粧板，反対側の板を裏板，中心の板を芯木という．

a. ベニヤコア合板（veneer core）：芯木にロータリーベニヤを用いた合板．

b. ランバーコア合板（lumber core）：中心に3cm程度の小断面角材を並べて芯木とし，両面に薄板をはり合わせた合板．

合板は乾燥収縮による変形の防止と強度を持たせるために，薄板をはり合わせるときには，各々の繊維方向が直角となるように接着する．

③ 合板の規格と用途

日本農林規格では使用される接着剤の種類により，普通合板は2種類に分類される．

また，普通合板以外に構造用合板，特殊加工化粧合板，コンクリート型枠用合板などの規格が定められている．

2 集成材

合板のような薄板ではなく，ある程度厚さのある単板や小角材を使用して，繊維方向を揃えて接着したもので，構造用・造作用など多様に使用されている．

① 集成材の特徴

・乾燥材を用いるので変形が少ない．
・必要に応じた断面の材料を製造できる．
・小材から大断面，長材も可能である．
・自由なカーブの湾曲材を製造できる．

集成材の表面に化粧材をはり，節などの欠点のない美しい材料を得られる．

② 集成材の構造

構造用の集成材には，一般の木造用のものと，ツーバイフォー工法（枠組壁工法）用のものに分類される．材料に一定の強度を持たせるために，以下の点に注意する．

・積層する板はJASにより5枚以上とする．
・長さ方向に継ぎ目がない．
・継ぐ場合にはフィンガージョイントなどの強度の高い継ぎ方を用いる．

3 化粧合板

① 天然木化粧合板

天然木化粧合板は一般に銘木合板と呼ばれる．銘木などを薄板にスライスした化粧単板（つき板）を基本合板にはったものである．

色合い，模様，樹脂などが天然のものであるため，表面は変化に富んでいて，自然の味わい，触感的な心地よさなどを感じやすい．

② プリント合板

プリント合板は，基本合板の上に各種の色合いや模様を直接印刷したもの，または印刷した化粧紙をはり合わせたものである．

価格が比較的安価で加工がしやすく，原材料の表面に仕上塗装が行われているため，施工後の塗装の必要性がない．

③ 合成樹脂化粧合板

合成樹脂化粧合板は，基本合板の表面をポリエステル樹脂やメラミン樹脂などで覆ったものである．表面は硬質に処理され，強度，耐熱性，耐薬品性，耐水性，耐摩耗性，耐候性などの機能を重視している．

表7-1 合板の種類（JASによる）

種類		用途	内容
普通合板	1類	内装下地	普通の耐水性で通常の外気や湿潤露出に耐えられる
	2類	水・湿気のこない内装下地	非耐水性で普通の状態の乾燥の変化に耐えられる
特殊加工化粧合板		内外装の化粧板・家具など	普通合板の上に美観を目的に天然木のはり付け・プリント塗装・合板樹脂などの加工を施したもの
構造用合板		壁倍率2.5として筋かいの代用と壁下地を兼ねる	建築物の構造耐力上主要な部分に使用する合板.強度1級・2級，耐水性能で特類に分かれる
コンクリート型枠用合板		コンクリート型枠用	打ち放し仕上げ用の1種，通常の型枠その他用の2種に分かれる
化粧ばり構造用合板		化粧構造材	構造用合板の表面に化粧単板をはり合せたもの
天然木化粧合板		内装仕上げ	化粧ばり構造用合板以外の合板に化粧単板をはり合わせたもの

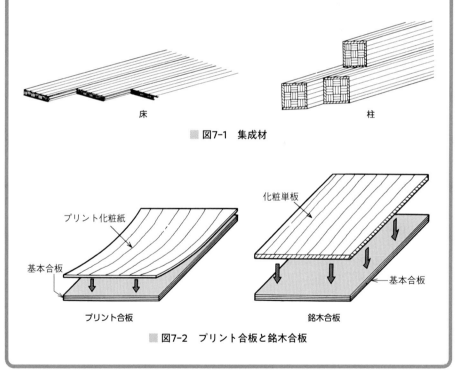

図7-1 集成材

図7-2 プリント合板と銘木合板

確認問題 次の問題のうち，正しいものには○，誤りのものには×で答えよ. 解答は162ページ➡

□□① 合板は，日本農林規格において，接着の程度の要件で1類・2類に分類される.

□□② 集成材は，ひき板や小角材を使用して，繊維方向を揃えて集成接着したものである.

□□③ 集成材は，長期の乾燥収縮による変形が大きい.

8 石材の歴史

1 古代の石材

　石器時代という名称があるように，人類の歴史の中で石材は古くから使用されている．地質・地形・気候などの違いにより，地域によって産出される石材の種類，量が異なる．このため，建築材料としての使い方に地域の特徴があり，デザインに影響を与えている．

　石器時代には白亜層という地層から採取されるフリント塊を原料として石器がつくられたとされ，次第に発展して，建築に石材の使用が始まるのは，紀元前2000年以上前の古代エジプト，メソポタミアである．

① 古代エジプトのピラミッド

　ピラミッドは王の墳墓として造営されたといわれ，厚さ1m，重さ約2tの粗い**石灰岩**の角石を四角錘状に積み上げたものである．カイロ近郊のギザの**3大ピラミッド**は，現在までもその形態を伝えている．規模の大きなものは，高さ146m，底辺が233mの正方形をなし，各辺が正確に東西南北を示している．このことから，古代エジプト人の優れた知識と技術が推測される．

② メソポタミアのジグラット

　西アジアの文明発祥地であるメソポタミアでは，**ジグラット**と呼ばれる周囲をらせん階段が取り巻く高塔状建築物が造営された．残念ながら，使われた石材は低品質の石灰石であった模様で，現存する遺構は少ない．

2 ギリシア・ローマ時代

　ギリシア時代は実用建築物の主要な材料として石材を使用した．代表的なものにアテネのアクロポリスの丘に建つ**パルテノン神殿**（紀元前450年頃）がある．ギリシアで産出される良質な**大理石**を使用して，神殿の正面（ファサード）は石柱が並んで美しい架構を造り，内陣部は組積式の壁で構成されている．

　パルテノンはデザインの視覚効果に注意が払われ，上空で各柱の延長線が交わるように，柱が垂直ではなく，緩い角度がついている．また，水平方向のバランスをとるため中央部がやや上がっている（むくりという）．

　ローマ時代になり，天然セメントを用いたコンクリートも出現するが，石材の使い方に変化が生じる．ローマ人は建設技術に優れており，石材を用いて空間をつくるためにアーチ，ヴォールト，ドームなどの工法を考案した．以後，これらを融合・改良して宮殿や教会の大空間を建設する．これらの建築で特徴的なことはファサードに設ける彫刻である．人間，動植物，物語，儀式など精密なものが数多くつくられている．硬い岩石の加工は大変労力が必要になると思われるが，採石直後には軟らかく，加工の容易な砂岩系の石材を使用しており，当時の人々はこの特性を知っていたように考えられる．

3 中世以後

　教会建築が主流となり，石材を用いた組積造が続く．表現様式がロマネスク・ゴシック・ルネサンスへと変化し，数々の名建築が生まれるが，石材が豊富にあったこと，産地からの輸送が可能（河川の利用）であったこと，芸術に対する意識が高かったことなどで石造建築が発展したと思われる．近代を迎えて，鉄筋コンクリート造の普及により，石材は構造材ではなく，仕上材として使われるようになった．

4 日本の石材

　古くには**石舞台古墳**や城の石垣などに石材が使用された．また，「わび・さび」の概念が尊重され，石庭などがつくられた．明治期には洋風建築が導入され，石造建築が造られるが，関東大震災により被害を受け，石材を構造材に使う建築は一般に普及せず，壁・床の仕上用に使用されて，現在に続いている．

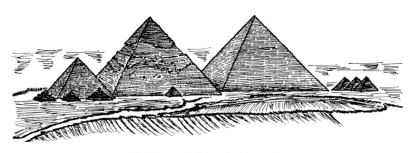

■ 図8-1　ギザの3大ピラミッド

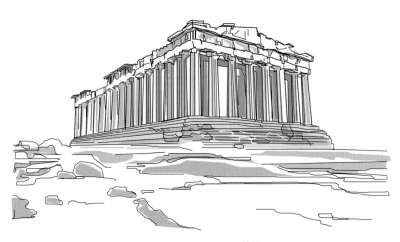

■ 図8-2　パルテノン神殿

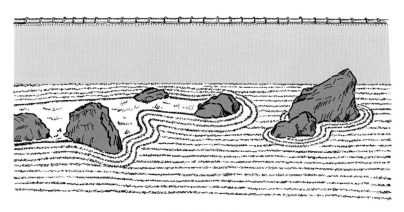

■ 図8-3　石庭

9 石材の特徴

1 石材の長所

石材を建築材料として見ると，以下のような特徴がある．

① 材質面から見た長所

- **不燃性**がある．
- 圧縮強度が大きく，**耐久性**がある．
- 種類により耐水性，耐化学性に富む．
- 摩耗が少なく，仕上材に適する．

② デザイン面から見た長所

- 自然石は磨くと光沢の美しいものがある．
- 種類が豊富で，独特の色調がある．
- 同種の石材でも産地が違う場合は色調の異なるものがあり，趣がある．
- 重厚感に富み，高級感の演出が可能．
- 自然素材として親しみが持てる．

2 石材の短所

① 材質面から見た短所

- 圧縮強度の高さに比べ，**引張強さは低い**（圧縮強度の 1/20〜1/40 程度）．
- 重量が重く，使用に注意が必要である．
- **熱せられると強度が低下する**．花こう岩では亀裂が生じる．
- 木材のような粘りがなく，もろい性質である．

② 生産面から見た短所

- 硬く，もろい性質のため加工が難しい．
- 長大材が得にくい．
- 輸送と加工にコストがかかり，高価．

③ デザイン面から見た短所

- 日本のように地震，台風が多い地域では，構造材に石材を使用する組積造は適していない．材質を生かして壁・床の仕上材として使用する場合が多い．
- 重量を考えると，高所や使用部位の施工に安全性への配慮が必要となる．
- 高価であるため，使用が限定されやすい．

3 石材の分類

石材は成因により下記のように分類される．

① 火成岩

地球内部のマグマ（溶融岩礁）が冷却して固まったものである．固まる位置により石材の性質と種類が異なる．

- **a. 深成岩**：地中深部で固まったもので，**花こう岩**，はんれい岩などがある．成分に結晶鉱物が多く，磨くと美しい光沢が出る．圧縮強度は大きいが，600℃程度の熱で亀裂を生じ，強度が低下する．
- **b. 半深成岩**：深成岩よりも地表にやや近い場所で固まったもので，石英はん岩などがある．
- **c. 火山岩**：地表近くで固まった岩石で，安山岩，玄武岩などがある．含有成分に結晶鉱物が少なく，磨いても光沢はあまり出ない．熱に対してはやや強い．自然の割れ目に沿って薄板に割れるものがある．

② 水成岩

たい積岩ともいわれ，火山の噴出で岩石の砕けたものや，水流に溶けたものが沈殿・たい積して固まったものである．多くは層状をなし，化石を含むこともある．軽量・軟質で加工しやすい．**凝灰岩**，砂岩，石灰岩がある．

③ 変成岩

火成岩，水成岩が地殻変動の圧力やガス・熱などの変成作用を受け，組織や成分が変化した岩石である．マグマからの影響を受けてできたものを接触変成岩という．成分の一部が変質したり，新しい鉱物が生まれて外観に模様があるなど，仕上用装飾用に適するものが多い．

大理石，じゃ紋岩，片岩などがある．建築材料の中では大理石が高名であり，国内でも産出（山口，高知，岐阜など）するが，良質なものはイタリア，カナダから輸入される．

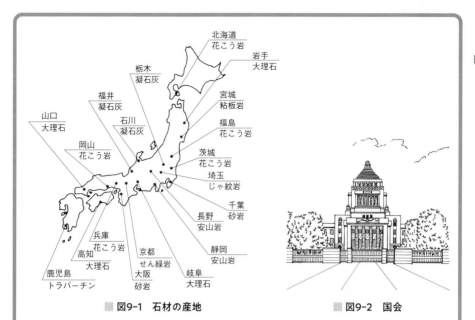

■ 図9-1　石材の産地

■ 図9-2　国会

■ 表9-1　石材の種類

	種類	特徴	用途	石材名（産地）
火成岩	花こう岩	耐摩耗性が大きく高熱に弱い．磨けば光沢を持ち堅硬である．	壁・床の内外装 階段石	稲田みかげ（茨城） 甲州みかげ（山梨）
	安山岩	耐久性，耐火性あり．暗灰・灰白色で光沢に乏しい．	壁・床の内外装 階段石・石垣・基礎	玄武岩（京都） 白河石（福島）
	軽石	断熱性があり，吸水性も高い．	軽石コンクリート 耐熱材	天城軽石（静岡） 抗火石（東京）
たい積岩	砂岩	硬・軟　種々の幅がこう着物質の性質によりある．白華しやすい．	壁の内装 石垣・塀	日出石（福島） 銚子石（千葉）
	凝灰岩	加工しやすく，軟らかい．吸水性がある．	壁の内装 石垣・塀	大谷石（栃木） 沢田石（静岡）
	粘板岩	耐久性がある．天然スレートともいい，吸水性は低い．	屋根ぶき 壁・床の外装	スレート（宮城） 赤間石（山口）
変成岩	じゃ紋岩	石目がない．	壁・床の内装 人工石の原料	じゃ紋岩（長野，群馬） まだら石（茨城）
	大理石	火と酸に弱く，結晶質と層状の二種がある．		白大理石（岩手，山口） トラバーチン（岩手）

確認問題　次の問題のうち，正しいものには○，誤りのものには×で答えよ．　解答は162ページ➡

□□① 花こう岩は硬く火にも強いため，耐火被覆材に向いている．
□□② 大理石は磨くと美しく，耐酸性・耐火性に優れているため，外壁の仕上に適している．
□□③ 砂岩は耐火性に優れているため，内壁の仕上材に用いられる．

19

10 石材の採石と加工

1 石材の組織

① 石材の組成

石材は石英，長石，雲母，輝石，方解石，カンラン石などの鉱物から構成されている．これらの主成分はケイ酸（SiO_2），アルミナ（Al_2O_3）であるが，石灰岩やドロマイトのように石灰（CaO），マグネシア（MgO）などのアルカリ性を示す成分が多いものもある．

また，成分の中には少量の金属が含まれる場合が多い．一般に石材は数種類以上の鉱物で構成され，単一鉱物のものは少ない．

鉱物の量や結び付き方により，石材の性質は異なっている．

② 節理と石目

節理とは石材が自然に存在していたときの割れ目のことで，火成岩に特有のものである．節理の間隔が広い場合には大きな石材，狭いと小さな石材が採取できる．節理がないと，採石するときに手掛かりがなく，作業が困難となる．花こう岩などには方状節理があり，鉄平石などには板状節理がある．

石目は，石材中の鉱物組成の状況によって，軟らかい部分と硬い部分があったり，割れやすい面があり，その状態を指す．

2 石材の採石

石材を採取する場所を石丁場といい，山腹に穴を掘る場合が多い．また，鉱山のように地下へ掘り下げることもある．石材は石丁場の状況に応じて，節理を考慮して採取する．

① 爆破（発破）

節理，石目に沿って穴をあけ，爆薬（ダイナマイトなど）を仕掛けて破砕し，必要な石材を得る方法で，発破をしかけるともいう．

硬い石で，大きな寸法のものを得る場合に適しているが，爆破による石くずが出るため効率的ではない．

② 矢割

石目に沿って穴をあけ，そこに鋼製くさびを打ち込み採取する方法で，大きな石材を割るときに用いる．

③ 溝切り・のこぎり

凝灰岩，砂岩のように軟らかい石材では，石の周囲に狭い溝を切り，機械を用いて採取する．大理石やスレートなどは，ワイヤ式の電動のこぎりを使用し，水や砂をかけながら石材を擦り切る方法を使用する．

石材は以上のような方法で，必要な寸法，形状に採石され，トラックや鉄道・船により運搬される．

3 石材の加工

採石した後の石材の表面を野面（のづら）という．石材は使用される用途により表面を加工されて，さまざまな表情となる．

- a. こぶ出し：げんのう（玄能）を使用して，石材表面の突出物を払い落とし，凸凹を揃えること（玄能払い）．
- b. のみ切り：こぶ出し後，石切のみでさらに平らに加工すること．
- c. 削り：両刃を使用して表面を削り，平らにすること．軟石の場合に用いる．
- d. びしゃんたたき：びしゃんを使用して，粗いのみ切り面をたたく加工法で，表面に細かい亀裂を生じさせる場合があり，注意が必要である．
- e. 小たたき：表面を滑らかにするために，のみ切り面の密度を上げて削ったもの．数度行うと，次第に平滑面となる．
- f. 水磨き：小たたき面をさらに滑らかにするため，砂や水をかけながら，と石（砥石）を掛けること．粗磨き→中磨き→本磨き→つや出し，の順に行う．表面につやがあり，美しい仕上げとなる．

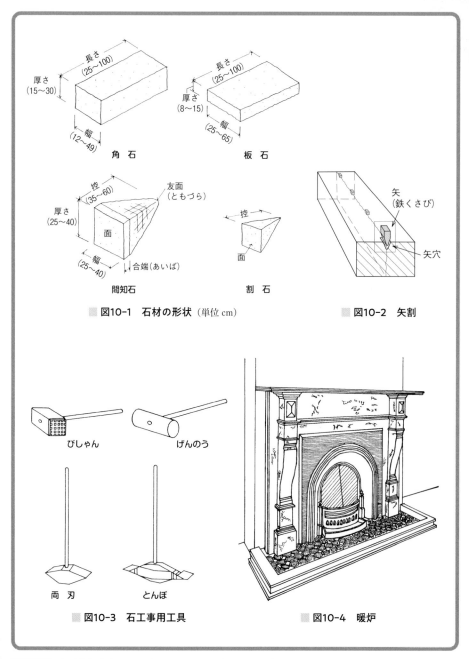

図10-1　石材の形状（単位 cm）

角石
- 長さ（25〜100）
- 厚さ（15〜30）
- 幅（12〜49）

板石
- 長さ（25〜100）
- 厚さ（8〜15）
- 幅（25〜65）

間知石
- 控（35〜60）
- 厚さ（25〜40）
- 幅（25〜40）
- 友面（ともづら）
- 面
- 合端（あいば）

割石
- 控
- 面

図10-2　矢割
- 矢（鉄くさび）
- 矢穴

図10-3　石工事用工具
- びしゃん
- げんのう
- 両刃
- とんぼ

図10-4　暖炉

確認問題　次の問題のうち，正しいものには〇，誤りのものには×で答えよ.

解答は 162 ページ➡

☐☐① 安山岩である鉄平石は板状で硬く，外構の床材などに多く用いられている.

☐☐② 石材の仕上方法の一つであるジェットバーナー仕上げは，表面を艶出し研磨する方法である.

☐☐③ 凝灰岩である大谷石は，固く風化しにくいため，擁壁や外装などに向いている.

11 セメント・コンクリートの歴史

1 セメント

セメントは広い意味で，ものを接合させる接着剤をいうが，建築一般にいわれるものはポルトランドセメントである．

歴史は古く，古代エジプトからローマ時代には，組積造の接着剤などに石灰モルタル，焼きセッコウなどが利用されていた．工業化して工場で量産され，今日の基礎となったのは18世紀以後からである．

① 水硬性セメントの開発

18世紀にイギリスのジョン・スミートン（1724〜1792）が石灰の研究を重ね，石灰に粘土を加えると水硬性セメントとなることを発見する．その後，石灰を高温度で焼成し，強い水硬性を示すローマンセメントがイギリスでつくられた（これはイタリア産の火山灰に似ていることからそのように呼ばれた）．

現在，一般に使用されるポルトランドセメントは，イギリスのジョセフ・アスプディン（1779〜1855）により発明された．1824年にイギリスで特許を得て，ポルトランド島産の天然石に似ていることから，ポルトランドセメントと名付けられた．初期は強度が安定しなかった模様で改良を加え，19世紀後半に今日のセメントに近いものが製造され，鉄筋コンクリート構造の開発に伴い普及した．

② 日本のセメント産業

明治初期にポルトランドセメントが輸入されたが，横須賀造船所のドック建設に当たり，コストの面からも国産品の生産を決めた．

明治5年，東京深川に官営工場が建設され，生産を開始した．明治14年に山口県小野田に民間セメント会社が発足，その後に小野田セメント（株）となる．官営工場は経営不振により，浅野総一郎に貸し下げられて浅野工場と改名し，現在の日本セメントとなっている．

明治後期には回転窯の導入などの近代化を進め，昭和に入ると世界有数のセメント生産国となった．

2 鉄筋コンクリート構造の登場

コンクリートはセメントと水，砂，砂利を練り混ぜたものである．圧縮力に対して強く硬いことから，構造材として一般に広く普及している．古くは，天然セメントを利用したコンクリート建造物にローマ時代の水道橋，コロシアム（闘技場）などがある．

鉄筋コンクリート構造は，コンクリートの圧縮強度と鉄の引張強度の両特性を合わせて，両材の膨張率が同程度で一体化を図れることに注目している．さらにコンクリートが鉄筋を取り巻くことで，鉄の酸化（錆＝さび）を防ぐなどの利点を考慮して開発された．

1867年に，フランスのジョセフ・モニエ（1823〜1906）が植木鉢を鉄とコンクリートでつくり，鉄筋コンクリート板の特許を得る．その後，鉄筋コンクリート構造の研究が進み，1890年代にフランシス・アンネビクは住宅を，アナトール・ド・ボドーはモンマルトルに教会を鉄筋コンクリート造で建設した．

建築様式の国際化・近代化が進み，組積造に替わって，大空間を自由に表現することができる鉄筋コンクリート構造は広く世界に普及した．

3 日本の鉄筋コンクリート構造

日本では明治後期に神戸に建設された倉庫が最初の鉄筋コンクリート構造といわれる．その後，地震による被害から不燃性と耐久性が注目されて研究が進み，コンクリートの品質，設計と施工方法が改良されてきた．現在はさらに研究が進み，古いコンクリート建造物の解体廃材を廃棄するのではなく，リサイクルにより再利用し，資源の有効利用を図る技術開発が進められている．

■ 図11-1　コロシアム（ローマ）

■ 図11-2　ロンシャンの教会（ル・コルビジェ設計）

12 セメントと骨材の特徴

1 セメント

セメントには水と練り混ぜると水和という化学反応を起こして硬化し，強度が増加する**水硬性**という性質がある．水を加えて練り混ぜた初期には流動性があるが，やがて**凝結**が進んで固まり始める．この条件は，以下のようである．

- ・水の量が多い場合は，凝結が遅い．
- ・凝結は温度が高いほど早い．
- ・薬剤（混和剤という）の添加により，凝結速度や水量を調節できる．

水和反応には**多量の発熱**を伴うが，硬化を早める反面，大きな断面積の部分（太い柱や大きな基礎など）へ一度に使用すると，発熱による応力でコンクリートが壊れる場合もある．このため，発熱量を抑えた各種のセメントが開発されている．

① セメントの品質

セメントの密度は 3.15 程度であり，コンクリートの材料中で一番重く，強い**アルカリ性**を示す．セメントは微粉末であり，その細かさを比表面積として表している．細かいセメントほど水と接する面積が多くなり，水和反応が進んで強度が早く出る．セメントが空気中の湿気を含むと風化（所定の強度が出ない）するので，セメント袋を保管する時には床から 30 cm 以上高くし，通風を避ける．

② セメントの種類

- **a. ポルトランドセメント**：一般によく使用されている普通ポルトランドセメント，短期間で強い強度が得られる早強ポルトランドセメント，水和による発熱を抑えた低熱ポルトランドセメントなどがある．
- **b. 混合セメント**：セメントに高炉スラグやフライアッシュなどの混合材を加えて発熱量や対化学性などの性能を改善したもの．**混合材の含有比率によりA～C種がある**．

2 骨材

コンクリート中に含まれる砂や石を骨材と呼び，自然の岩石を原料にした普通骨材と，コンクリートの重量軽減を目的としてつくられた軽量骨材とがある．ここでは，一般的に使用されている普通骨材について解説する．

① 骨材の種類

骨材は，その粒の大きさにより以下のように分類される．

- **a. 細骨材**：骨材の粒の最大寸法が 5 mm 程度のもの．自然作用によりできたものを砂，岩石を粉砕してつくったものを砕砂という．
- **b. 粗骨材**：骨材の粒の最小寸法が 5 mm 程度のもの．自然作用によりできたものを砂利，岩石を粉砕してつくったものを砕石という．

② 骨材の品質

普通骨材の密度は約 2.6 であり，一般的に硬化したセメントやコンクリートより圧縮強度が強い．よい骨材として望まれる性能は，以下のことが考えられる．

- ・耐久性，耐火性に優れている．
- ・吸水率が小さく比重が大きい．
- ・ごみ，有機物，塩化物などを含まない．
- ・アルカリに反応して膨張する**アルカリシリカ反応に対して無害**である．

③ 骨材の使用方法

建築工事に使用される骨材は，最大寸法が 20 mm の砕石または 25 mm の砂利と砂・砕砂である．骨材の大小粒の混合割合を粒度といい，**適切な割合で混ざっているほう**が，骨材同士の隙間が埋まっており，密度が高くて強度の強いコンクリートができあがる．

近年は砂や砂利が少なくなり，砕砂や砕石を使う機会が増えた．また，海砂を使う場合もあるが，塩化物や貝殻などの不純物を十分に取り除く必要がある．

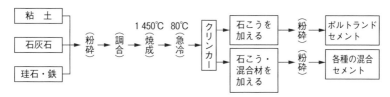

■ 図12-1　セメントの製造工程

■ 表12-1　セメントの種類

種類		比表面積〔cm²/g〕	特徴	用途
ポルトランドセメント	普通ポルトランドセメント	≧2 500	全生産量の75%以上を占めており，一般のコンクリート工事に用いる．	一般的な建築土木工事
	早強ポルトランドセメント	≧3 300	初期強度の発現に優れているが，水和による発熱が大きい．	冬季の工事PCの作製
	低熱ポルトランドセメント	≧2 500	水和熱の発生が少なく，収縮量が小さい．	マスコンクリート高強度コンクリート
混合セメント	高炉セメント	≧3 000	混合材が多いC種ほど水和熱を低くでき，水密性・化学抵抗性に優れる．	マスコンクリート港湾などの土木工事
	フライアッシュセメント	≧2 500	コンクリート中の水量を減らすことができ，収縮量が小さく水和熱も低い．	マスコンクリート

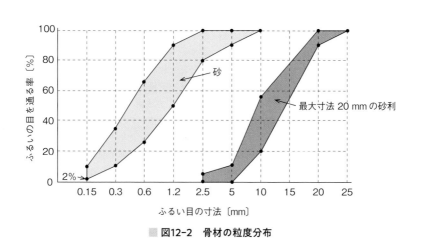

■ 図12-2　骨材の粒度分布

確認問題　次の問題のうち，正しいものには○，誤りのものには×で答えよ．　解答は162ページ➡

□□① 袋詰めセメントの保管は，床から30 cm以上高くし風通しのよい場所とする．

□□② 海辺に建てる建築には，化学抵抗性の高い高炉セメントC種を用いるとよい．

□□③ コンクリートに使用する骨材は，アルカリシリカ反応に対し無害なものを用いる．

13 コンクリートの特徴と種類

コンクリートの特徴を長所と短所に分類して，比較してみる．

1 コンクリートの長所

① 生産面から見た長所

- 原料のセメント，骨材，水など安価で大量に供給できる．
- 石材などの長大材と違い，運搬が容易．
- 日本全国で均質なものが得られる．

② 材質面から見た長所

- 耐久性，耐火性に優れている．
- 圧縮強度が高い．
- 流動性があり，**構造を一体化**してつくることができる．
- **引張強度の強い鉄筋と組み合わせて使用**して，頑強な鉄筋コンクリート構造となる．
- **線膨張係数**が鉄筋とほぼ等しいので，熱応力による破壊が起きない．
- アルカリ性を示し，**鉄筋の防錆**に役立つ．

③ デザイン面から見た長所

- 形状に制限が少なく，曲面や鋭角的な造形が可能で，**デザインの自由度が高い**．
- ボリューム感のある空間を演出できる．

2 コンクリートの短所

① 生産面から見た短所

- 有害物質のない**良質な天然骨材が減少**してきている．

② 材質面から見た短所

- **引張強度は小さい**（圧縮強度の約1/10）．
- じん性が乏しく，構造に粘りがない．
- 乾燥すると収縮し，亀裂を生ずる．
- 水和反応が進むにつれて強度は増すが，所定の強度を得るまでに時間がかかる．
- 空気中の炭酸ガス，水分によりもろくなる場合がある．

③ デザイン面から見た短所

- 木材に比べて**重い材料**なので，地震に対抗できるように合理的な設計を必要とする．

3 コンクリートの種類

コンクリートの製造工場において練り混ぜられたものをレディーミクストコンクリートといい，これをアジテータ車で撹拌しながら運搬して，建設工事現場で使用する．

レディーミクストコンクリートは，JIS規格の中で普通コンクリート，軽量コンクリート，舗装コンクリートの3種類に分けられており，建築の工事では普通コンクリートがよく使われている．さらに，建築はその機能，用途，立地条件などがさまざまに異なるので，コンクリートも必要に応じて適した性能のものを使用することになる．

① 環境条件別

寒中コンクリートや暑中コンクリートは，水和熱量の異なるセメントを使い分けたり，コンクリートを保温，または散水して適切な養生を行うことにより，冬や夏の気温に対処するように考慮されたコンクリートである．

水中コンクリートは，主に場所打ちコンクリート杭で使われ，水や安定液中でも材料の分離を起こさず，強度の低下もしないようにセメント量を増やした富調合の配合とする．

② 施工方法別

コンクリートの流動性を高めて施工をしやすくしたコンクリートのうち，コンクリートの打設直前に流動化剤を入れて撹拌するものを流動化コンクリートという．また，製造時からスランプが21 cmを超える軟らかさにしたものを高流動コンクリートという．

③ 要求性能別

躯体の断面積が大きいとコンクリート中心と表面の温度差が大きくなり熱応力が発生してひび割れができてしまう．これを防止するために水和熱を抑えた材料を使い，内外の温度差が生じないように養生の方法を工夫したマスコンクリートとする．

■ 表13-1　レディーミクストコンクリートの特徴と種類

種類	特徴
普通コンクリート	普通骨材を用いる．密度は約 2.3 t/m³．呼び強度は 18～45 N/mm²
軽量コンクリート	軽量骨材を用いる．密度は約 1.4～2.1 t/m³．呼び強度は 18～40 N/mm²

■ 表13-2　使用方法別によるコンクリートの分類

区分	使用分類	特徴
環境条件別	寒中コンクリート	凍結するおそれのある場合に施工されるコンクリート 打設日を含む旬の日平均気温が 4℃以下で適用
	暑中コンクリート	気温が高くコンクリートのスランプの低下や水分の急激な蒸発などのおそれがある場合に施工されるコンクリート
	水中コンクリート	水中または，安定液中に打ち込むコンクリート．トレミー管を使用
	海水の作用を受けるコンクリート	海水または海水滴の劣化作用を受けるおそれがある部分のコンクリート
	凍結融解作用を受けるコンクリート	コンクリート中の水が凍って溶ける作用により，膨張・収縮を繰り返す場合に用いるコンクリート
施工方法別	流動化コンクリート	あらかじめ練り混ぜられたコンクリートに流動化剤を添加し，これを撹拌して流動性を増大させたコンクリート
	高流動コンクリート	材料の分離なく流動性を高めたコンクリートで，締固めを必要としない
	プレパックドコンクリート	粗骨材や鉄筋を配した型枠中に，モルタルを注入してできるコンクリート．補修工事や逆打ち工法などに用いる
要求性能別	マスコンクリート	大規模コンクリートで，かつ水和熱によるコンクリートの内部最高温度と外気温との差が 25℃以上になると予想されるコンクリート
	水密コンクリート	水槽・地下水圧の高い地下室などに用いる
	高強度コンクリート	設計基準強度が 36 N/mm² を超えるコンクリート．高層 RC 造に用いる
	遮へい用コンクリート	γ 線，X 線および中性子線を遮へいする目的で用いられるコンクリート
	無筋コンクリート	捨コンクリートほか，鉄筋を使わない土間コンクリートに用いる

アンカレイジ
（高流動コンクリート）

主塔基礎
（水中コンクリート）

■ 図13-1　明石海峡大橋

確認問題　次の問題のうち，正しいものには○，誤りのものには×で答えよ． 解答は 163 ページ➡

□□① コンクリートの線膨張係数は，鉄筋の線膨張係数の約 1/10 である．

□□② 水中コンクリートは，セメント量を増やした富調合にして水中での分離を防ぐ．

□□③ マスコンクリートは，躯体表面と中心部の温度差を小さくするために用いられる．

14 まだ固まらないコンクリートの特徴

セメント，骨材，水を調合し，練り合わせたばかりのまだ固まらないコンクリートは，**フレッシュコンクリート**といわれる．その性質は原材料の品質，調合，練り方，運搬などいろいろな要因によって異なり，硬化した後のコンクリートの品質と関係がある．

以下に性質の主なものをあげる．

1 ワーカビリティ（workability）

モルタル，コンクリートを用いて施工するときの作業性の良し悪し（難易度）を示す．

コンクリートの軟度，流動性，分離抵抗性などを見るが，施工時にコンクリートが分離せずに，型枠の隅々まで行き届き，鉄筋間で詰まらないよう打ち込めるかの指標となる．ワーカビリティの良否は施工に大きな影響を与えるため，仕上げ，耐久性などの点で重要な項目である．

① ワーカビリティの要素

ワーカビリティは次のような要素によって影響を受ける．

- **a．原料**：セメントの種類，骨材の形状・粒度，混和材の種類・量．
- **b．調合**：水量，細骨材率，水セメント比．
- **c．部位**：型枠の形状・寸法，鉄筋間隔．
- **d．施工**：打設機械（ポンプ）の種類，締固め方法（高周波振動機，突き棒）．
- **e．天候**：気温，湿度，直射日光．

② ワーカビリティの調整

コンクリートの強度は主に**水セメント比**によって定まるので，ワーカビリティはほかの要素で調節する．一般に粗骨材の形状・粒度・細骨材率・化学混和剤などで調節する．

2 コンシステンシー（consistency）

ワーカビリティを決定する要素の一つで，主として水量の増減によってコンクリートの流動性が変化する度合いを示す指標である．水量が増えるとセメントペーストが薄められて軟らかくなり，流動性が増す．

コンシステンシーを数値化して表す試験として，**スランプ（slump）**試験が行われる．

以下にその試験方法を示す．

⑴ 上部の直径10 cm，下部の直径20 cm，高さ30 cmのスランプコーン容器の中にコンクリートを3層に分けて詰める．1層詰めるごとに突き棒で25回ずつ突き固める．

⑵ 静かにスランプコーンを垂直に上へ抜き取る．

⑶ コンクリートが崩れるので，その頂部が元の高さから下がった量を測定する．

この測定値をスランプ値〔cm〕という．

普通コンクリートの場合18 cmが標準であり，±2.5 cmまで許容差を認める．また，このときのコンクリートの広がりをスランプフロー値〔cm〕といい，軟らかいコンクリートの判定に用いる場合がある．

3 材料の分離抵抗性

コンクリートはセメント，砂，砂利などの粒形が異なる材料を調合するため，運搬時や施工中に材料が分離する可能性がある．分離したコンクリートは不良品になるので，以下に示す項目について確認する必要がある．

① 分離の目視

スランプフローの外周部にモルタルや水だけが広がっていないか，中央部に粗骨材だけが残っていないか目視で確認する．

② ブリージング（bleeding）

水と他材料との比重の違いにより，打設後のコンクリート表面に水が浮き出る現象．水道の原因となり，漏水や強度低下を招く．

③ レイタンス（laitance）

ブリージングに伴いセメント粒子や泥分が浮いて，硬化後のコンクリート表面に層状となったもの．打ち継ぎ時の密着不良を起こす．

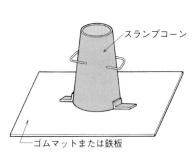

図14-1　スランプコーン

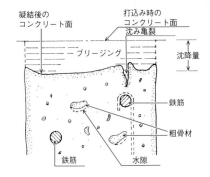

図14-2　ブリージング，沈降，亀裂，水隙

表14-1　ワーカビリティの基準値

コンクリートの種類		スランプ最大値〔cm〕	許容差〔cm〕
普通コンクリート	$F_m < 33\,\text{N/mm}^2$	18	±2.5
	$F_m \geqq 33\,\text{N/mm}^2$	21	±1.5
軽量コンクリート		21	±1.5
高強度コンクリート	$F_c < 45\,\text{N/mm}^2$	21	±2
	$F_c \geqq 45\,\text{N/mm}^2$	スランプフロー 60	±10
高流動コンクリート		スランプフロー 55〜65	—
マスコンクリート		18	±2.5
水中コンクリート	$F_m < 33\,\text{N/mm}^2$	21	±1.5
	$F_m \geqq 33\,\text{N/mm}^2$	23	±1.5

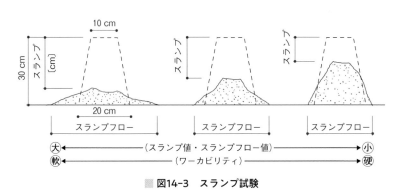

図14-3　スランプ試験

確認問題　次の問題のうち，正しいものには○，誤りのものには×で答えよ.　　　　解答は163ページ➡

☐☐① コンクリートの流動性が主に水量の増減で変化することを，ワーカビリティという.

☐☐② 一般的な建築に用いられるコンクリートのスランプ値は，15.5〜21.5 cm である.

☐☐③ ブリージング水と一緒にコンクリート表面へ浮き出た不純物をレイタンスという.

15 コンクリートの調合

1 調合の基本

　コンクリートの調合とはセメント・骨材・水をどのような割合で練り混ぜるかを示すもので，コンクリートの強度やワーカビリティに影響する．調合は要求されるコンクリートの品質，性能に応じて行われるが，以下の点に注意する．

① 軟らかさ

　適度な流動性と分離抵抗性があり，ワーカビリティがよくなるようにする．水量を増やして練り混ぜると軟らかく流れやすいコンクリートができるが，材料の分離を起こすので必ずしもワーカビリティはよくならない．

　また，硬化後に収縮亀裂，強度低下の原因となるので，水量は適量を厳守し，軟らかさの調整は主に化学混和剤で行う．

② セメント量

　セメントは接着の役目をするので，所要の強度が得られて耐久性のあるコンクリートにするために必要量だけ使用する．鉄筋コンクリート構造では，セメントのアルカリ性が鉄筋の防錆にも役立っている．しかし，セメントを必要以上に使用すると，水和熱により発生する熱割れが起こり，コンクリートの耐久性を落とす原因ともなる．

③ 水セメント比

　コンクリートは骨材同士の隙間をセメントペーストで埋め，相互につなぎ合わせてつくられている．骨材の強度は $50 \sim 100 \, \mathrm{N/mm^2}$ 程度と強いので，コンクリートの強度はセメントペーストの強度で決定される．そのために，ペースト内のセメント濃度が重要となるので，セメントペースト中における水とセメントを重量比として表す．これを水セメント比と呼ぶ．建築工事標準仕様書 JASS5 では，これらの品質を数値で定めている．

2 コンクリートの調合

① 品質基準強度を決める

　設計基準強度 F_c は，建築物の用途，規模を考慮して構造設計時に基準とした強度で，$18 \, \mathrm{N/mm^2}$ を最低値として $3 \, \mathrm{N/mm^2}$ 刻みに $36 \, \mathrm{N/mm^2}$ まで設定されている．

　また，鉄筋の腐食やコンクリートの劣化により建物が使用できなくなるまでの予定期間を計画供用期間といい，その時の強度を耐久設計基準強度 F_d という．一般的な「標準」の等級で約 65 年間長持ちすることを想定していて，F_d は $24 \, \mathrm{N/mm^2}$ とされている．F_c と F_d のどちらか大きい値を品質基準強度 F_q とする．

② 調合強度を決める

　コンクリートは，工場で製作される過程や養生状態，打設後の気温などにより，4 週間後の強度発現が一様でない．そのため，F_q に構造体強度補正値を加えて調合管理強度 F_m とし，環境による硬化の誤差を補正する．さらに，強度発現のばらつきによる統計学上の割り増しをして，F_m を下回る不良率を 5% 未満にしたものを調合強度 F とする．

③ 材料の調合を決める

　水セメント比には最大値が設定されており，その範囲内で必要とする調合強度が得られるように水セメント比が決定される．

　また，水量に上限もあるが，コンクリートの品質にとっては少ないほうがよいので，流動性を得るために混和剤で補って水量を減らす調合が行われる．水量と水セメント比が決定するとセメント量が計算でき，さらに全体のうち 4.5% が空気，残りが骨材となる．

④ 調合の決定

　経済性，施工性を考えてコンクリートの調合を決定する．特殊なコンクリートについては，試し練りや強度試験などの実験を行い，性能を確認する必要がある．

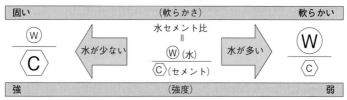

■図15-1　水セメント比

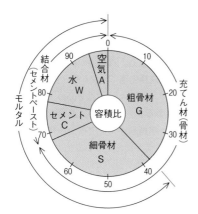

材料名	単位重量[kg/m³]	単位容積[L/m³]
セメント（C）	330	104
細骨材（S）	775	304
粗骨材（G）	967	372
水（W）	175	175
混和剤	0.15	水に含む
空気（A）	0	45

■図15-2　コンクリートの調合例

■表15-1　水セメント比・単位セメント量・単位水量の基準

コンクリートの種類		水セメント比の最大値〔%〕	単位セメント量の最小値〔kg/m³〕	単位水量の最大値〔kg/m³〕
普通コンクリート		65	270	185
軽量コンクリート		55	320	—
高流動コンクリート		50	—	175
高強度コンクリート		50	—	185
マスコンクリート		—	少なく	—
水中コンクリート	現場打ち杭	60	330	200
	地中壁	55	360	200

確認問題　次の問題のうち，正しいものには○，誤りのものには×で答えよ．　　　　　解答は 163 ページ➡

□□① コンクリートの調合は，水セメント比と単位セメント量の最小値が決められている．

□□② 水セメント比が小さいほど，コンクリート中のセメント量が増加して強度が増す．

□□③ 調合強度とは，品質基準強度に強度のばらつき分の割り増しを加えた強度である．

16 コンクリートの混和材料

1 水

セメントに水和反応が生じるためには水を必要とし，上水道水が用いられる．また，地下水やコンクリート製造工場の排水を再利用する回収水（主に上澄水）なども使用できるが，不純物が基準値以下であることを確認しなければならない．

水はコンクリートの流動性にも影響を及ぼすが，必要以上に水量を増やすとコンクリートの強度が落ちたり，固まった後に不良なひび割れを発生させたりするので，調合時に定められた量を守ることが重要である．

2 空気

コンクリートの中には，体積の比率に換算して4％ほどの空気が入っている必要がある．エントレインドエアー（ごく微小な空気の粒）が適度に分散してコンクリート中に存在することにより，固まる前では水量を減らしつつ流動性をよくする．

また，硬化後では，コンクリートが凍結・融解による膨張・収縮を繰り返すような寒い時期において，空気の粒がクッションの役割を果たして変形を防ぐので耐久性が高くなる．一方で，空気が多く入ると圧縮強度は低下するので，適量になるよう化学混和剤で調整する．

3 混和材料

コンクリートは，水中や海中，または凍る恐れのある寒い期間に使用される場合があるので，その状況に適した硬化速度や流動性に調整しなければならない．そのため，コンクリートの性質を改善する目的で化学混和剤や混和材などを用いるが，使用方法を誤ると化学変化や材料の分離などにより，コンクリートの強度低下や硬化不良，鉄筋の腐食などの害を起こすので注意が必要である．

① 化学混和剤

化学混和剤とは，ごく少量の薬品で大きな改善効果が望める混和材料のことである．

a. AE減水剤：エントレインドエアーの混入を目的としたAE剤と，界面活性作用によりセメントを分散させて，より少量の水で水和反応を促進させることを目的とした減水剤の混ざったもの，性能をさらに高めたものに高性能AE減水剤がある．また，硬化速度を調整するため標準，促進，遅延形の3種類を使い分ける．

b. 流動化剤：コンクリートを打設する直前に添加して流動性を高めたり，固まりつつあるコンクリートに流動性を復元させる．

c. 防錆剤：コンクリート中の鉄筋が，骨材などに含まれる塩化物により腐食するのを防ぐ目的で使用する．

② 混和材

混和材とは，コンクリートの体積中に多くの割合で混入される混和材料のことである．

a. フライアッシュ：火力発電所で燃料とした微粉炭の灰であり，セメントおよび水と混ざってポゾラン反応を起こし徐々に硬化する．また，比表面積がポルトランドセメントと同等であり，表面が滑らかな球状をしているので，セメントに置き換えて使用すると流動性が増し，水和熱が抑えられる．

b. 高炉スラグ：製鉄時の高炉内にできる副産物であり，これを微粉砕して使用する．セメントのアルカリ性に刺激されて固まる潜在水硬性という性質があり，適度にセメントと置き換えて使用すると水和熱の低減やセメントの省資源化に対して有効である．

c. 膨張材：セメントの水和反応とともにエトリンガイトなどの結晶をつくり出して膨張し，コンクリート中の余分な水が乾燥して収縮するのを防ぐために使用する．

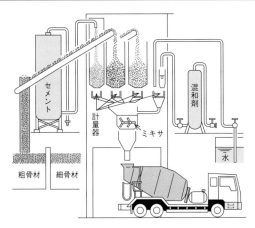

■ 図16-1 バッチャープラント

■ 表16-1 所要空気量

種類	空気量〔%〕	備考
普通コンクリート	0.5〜1.5	ポンプ打込みの場合，空気量が 0.5〜1.0% 低下する傾向がある.
AE 剤	3.0〜6.0	
AE 減水剤	3.0〜6.0	

■ 表16-2 混和剤の種類

種類	成分	効果	用途
AE 剤（空気連行剤）	天然樹脂 アルキルベンゼンスルホン酸	エントレインドエアーを混入し，ワーカビリティと耐久性を改善する	凍結のおそれがある時期や場所で使用するコンクリートに用いる
減水剤	リグニンスルホン酸塩 オキシカルボン酸塩 ナフタレンスルホン酸塩	遅延形を用いると水和反応を遅らせ，夏季の作業性を向上させる	運搬に時間がかかる場合や，高温下での施工時に用いる
AE 減水剤	リグニンスルホン酸塩 オキシカルボン酸塩	少ない水量で耐久性がよく，施工しやすいコンクリートにする	一般的なコンクリートに多く用いる
高性能 AE 減水剤	ポリカルボン酸塩 アミノスルホン酸塩	AE 減水剤よりさらに減水性能が高められている	高強度・高流動コンクリートなどに用いる
流動化剤	ポリカルボン酸塩 メラミンスルホン酸塩	一時的に流動性が増し，作業性を向上させる	こわばり始めたコンクリートに工事現場で添加して用いる

確認問題 次の問題のうち，正しいものには〇，誤りのものには✕で答えよ. 解答は 163 ページ➡

□□ ① AE 剤は，微細な空気を混入して硬化コンクリートの耐久性を高めるが，強度は低下する.

□□ ② 減水剤の界面活性作用は，セメント粒子を分散させて少量の水で水和反応を起こす.

□□ ③ セメントと置換して高炉スラグを用いると，低発熱型のコンクリートをつくることができる.

17 コンクリートの物性

1 コンクリートの強度

コンクリートの強度は圧縮強度が最も高く，次に曲げ強度，引張強さの順になる．これを比率で表すと 100：20：10 となり，引張強さは圧縮強度の1割しかない．このため，コンクリートの強度は圧縮強度で表す．

コンクリートの性能は圧縮強度を確認することで証明されるが，一定の強度を保つものを安定してつくることは難しい．そこで，コンクリートには品質を保つための規定が定められている．強度に影響がある要素をあげると，以下のようである．

① 材料の品質による影響

- 使用するセメントの強度．
- 骨材の強度（使用するセメントより強度が高いこと）．
- 混和材料の種類（性能と使用量）．

② 調合方法による影響

- 水セメント比の設定．
- 単位セメント量，単位水量の設定．
- 骨材の粒度調整．
- 空気量の設定．

③ 施工による影響

- ワーカビリティの良否．
- 打設および締め固め方法の選択．
- 養生の方法および期間．
- 強度発現までの時間．

2 圧縮強度

① 供試体（テストピース）の作製

供試体の型枠は，鋼製または変形を起こさないプラスチックや紙製の簡易型枠を用いる．型枠の形状は直径 10 cm，高さ 20 cm の円筒形で，内部が平滑である必要がある．

これにコンクリートを2層に分けて詰め，1層ごとに突き棒で8回ずつ突いて締め固め，最後に上面を金ごてで平滑にならす．

固まった供試体は，実際の躯体に近い条件で所定の日数だけ養生された後，上面の精度を平滑に調整してから試験を行う．

② 試験結果

アムスラー型試験機などで 1 mm^2 当たり 0.2〜0.3 N/s の速度で供試体を加圧し，破壊するまでの強度を測定する．この値を加圧面の面積〔mm^2〕で割り，単位面積当たりどのくらいの力まで耐えたのかを求める．

3 引張強さ

供試体は，圧縮強度試験と同じものを使用する．供試体を横にした状態で試験機へ設置し，1 mm^2 当たり 0.4〜0.5 N/s の速度で加圧し，割裂破壊するまでの強度を測定する．この方法で簡易的に引張強さ σ_t が求められる．

$$\sigma_t = \frac{2P}{\pi dl} \ \text{〔N/mm}^2\text{〕}$$

ここに，P は破壊荷重〔N〕，d および l は供試体の直径〔mm〕と長さ〔mm〕である．

4 耐久性

① 中性化

空気中の炭酸ガスにより，コンクリートのアルカリ性が失われる現象で，RC造の骨組みとして入っている鉄筋が錆びる原因となる．中性化を遅らせるためには，コンクリートの調合において，単位水量や水セメント比を小さくしたり，単位セメント量を大きくしたりするとよい．鉄筋の被り厚さをしっかりと確保することも重要である．

② ひび割れ

ひび割れは，発生した部分から水が浸入して室内への浸水や鉄筋の錆などを引き起こす原因となる．対策としては，コンクリートの調合において単位水量や単位セメント量を小さくしたり，単位骨材量を大きくしたりするとよい．硬化初期の適切な養生や，計画的に躯体表面に伸縮目地を設けてひび割れを誘導することも効果がある．

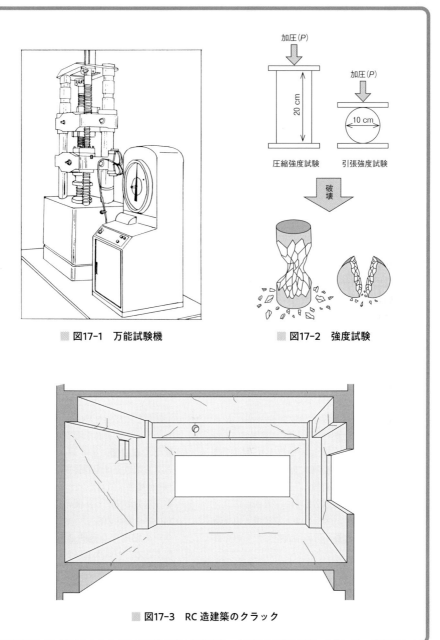

加圧（P）

20 cm

圧縮強度試験

加圧（P）

10 cm

引張強度試験

破壊

■ 図17-1　万能試験機

■ 図17-2　強度試験

■ 図17-3　RC 造建築のクラック

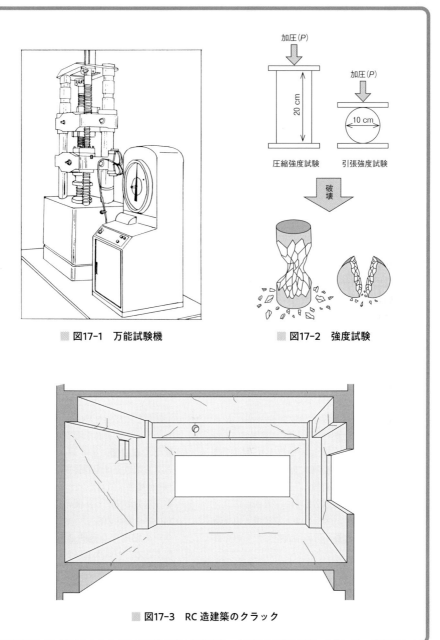

確認問題　次の問題のうち，正しいものには○，誤りのものには×で答えよ.　　　解答は 163 ページ➡

□□ ① 硬化コンクリートの強度比率は，圧縮強度 100 に対して引張強度が 20 程度である.

□□ ② コンクリートの中性化は，水セメント比や単位セメント量が小さい場合に早く進む.

□□ ③ コンクリートのひび割れは水和熱が大きいと発生するので，セメントや水を減らす.

18 コンクリートの施工と養生

コンクリートは，材料を練り混ぜてつくっただけで製品が完成するわけではない．それを建築現場に運搬し，建物の躯体となる柱・はり・壁・床などの形に組み上げた型枠の中に流し込んで（**コンクリートの打設**という），鉄筋の骨組みと一体化して固める必要がある．

さらに，コンクリートの性能は強度として表され，**通常 28 日**経過しなければ確認できない．その期間に不具合が起きないように適切な措置を行う必要があり，これを**養生**という．次に施工と養生について概要を述べる．

1 コンクリートの施工

① コンクリートの打設準備

a. **打設計画**：コンクリートの必要量，工事の進行状況，打設工法，作業人員，天候，気温などを検討する．

b. **配筋検査**：コンクリートが隅々まで行き渡るように<u>スペーサ</u>などで鉄筋間の間隔（あきやかぶり）を確保する．

c. **型枠検査**：躯体の位置や寸法をセパレータや支保工を使用して固定しているので，その状態や精度を確認する．また，型枠内の清掃が完了していることを確認する．

② コンクリートの打設

a. **品質確認**：建設現場に運搬されたコンクリートは，スランプ・空気量・塩化物量の**受入検査**を行い，合格したものを打設する．

b. **型枠の湿潤**：型枠が乾燥している場合は水和反応に必要な水分を型枠が吸収して，水分が不足し，コンクリートの硬化不良が起きるので，事前に散水して湿潤に保つ．

c. **使用制限時間**：コンクリートの練り混ぜから打設までの時間が長すぎると硬化が進んでしまうので，**2 時間以内**で完了させる（気温の高い時期は**1.5 時間以内**）．

d. **締め固め**：コンクリートに空洞の部分や豆板状の表面（ジャンカという）ができないように，棒型振動機を用いて材料分離を起こさない程度に振動を与える．振動機が入らない場所では突き棒やタタキなどを併用する必要があるので適宜対応する．

e. **打ち継ぎ位置**：コンクリートの打ち継ぎ位置は柱，はりなどの構造部により異なるが，その表面にレイタンスやジャンカがある場合は，取り除いて良質な表面で打ち継ぐ．

2 養生

a. **振動・載荷養生**：硬化中の初期の段階で躯体に衝撃や荷重を加えると，ひび割れや骨材のずれが生ずるので，少なくとも 1 日以上は作業を行わない．

b. **湿潤養生**：コンクリートの水和反応を持続させるためには，躯体の表面から水分が蒸発するのを防げばよい．その方法として，躯体に散水したり，被覆養生剤を散布して皮膜を形成したり，ビニールシートなどで表面を覆うなどがある．最低でも **5 日間**，より耐久性を望むのなら 7 日間以上は湿潤養生を行う．

c. **保温養生**：気温が低いとコンクリート中の水分が凍結し，硬化しなくなる．冬期の間や寒さの厳しい地方では，コンクリート温度を **5 日間 2℃以上**に保つ必要がある．コンクリート自体が発熱しているので表面を保温シートなどで覆うだけでもよいが，周囲を囲ってヒータで加熱する場合などもある．

d. **型枠の存置**：コンクリートは，**5 N/mm^2** 以上の強度が発現すれば型枠を取り外すことができる．目安としては，通常 4 日目，気温の低い時期でも 6 日目にあたる．床やはりを支えている支保工は，**設計基準強度**の発現が確認できれば取り外せる．

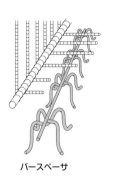

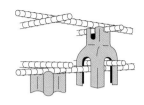

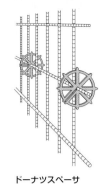

| バースペーサ | 腰掛けスペーサ | ドーナツスペーサ |

■ 図18-1　鉄筋のかぶり確保

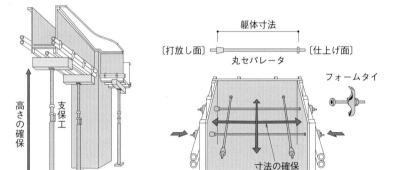

■ 図18-2　型枠の位置・寸法の確保

■ 表18-1　コンクリートの施工（打設）

部位	打設概要	打継ぎ位置
柱	打込みは開口部を高さの目安にし，窓下・窓上・はり下を打設区分とする．	基礎・スラブの上端で水平に打ち継ぐ．
壁	柱と同様に開口部を目安とする．落し口の間隔を小さくし，平均に打設し，はり下端で止める．	はり端部はせん断力が大きいので避ける．中央で垂直に打ち継ぐ
はり	柱・壁の様子が落ち着いてから，はりせいの必要量を一気に打設する．	はり間の中央で，垂直に打ち継ぐ
スラブ	はりと同時に打設するときは，硬練りのコンクリートを使う．	

確認問題　次の問題のうち，正しいものには○，誤りのものには×で答えよ. 解答は 163 ページ➡

□□① コンクリートは，工場で製造してから工事現場に到着するまでの限度が 2 時間である.

□□② コンクリートは，硬化中の水和反応を持続するために散水して湿潤に保つ必要がある.

□□③ コンクリート中の水が氷ると硬化しないので，打設後 5 日間は 0℃以上の温度に保つ.

セメント・コンクリート

19 コンクリート製品

前項までに解説したように，コンクリートを建築材料として使用する場合は，常に所定の品質であるかどうかが問題となる．建築物は一つ一つが屋外でつくられるオーダーメイド製品であり，工事現場でのコンクリート打設や硬化までの養生において一定の品質を得るための技術が重要となる．

これに対して一定品質のコンクリート製品を工場で安定的に製作し，これらを組み立てて建築物をつくる，いわゆるプレハブ工法が考えられた．ヨーロッパを起源とするこの工法は日本にも導入されて普及するが，工場量産によるコストダウンと品質の確保という利点がある反面，デザインの自由度が低く，接合方法に対する配慮を必要とする．

以下に，代表的なものをあげる．

1 プレキャストコンクリート（PCa）

コンクリート製品の代表的なもので，工場で鋳型（キャスト）にコンクリートを打設して製造するものである．壁や床パネル，柱やはりなどの大きな部材から，庇，手すり，階段などの部材や，小さなものでは縁石，L形側溝，U字溝などさまざまな製品がある．

また，大きな部材には，床などのパネルを一体化して工場で作製するフルキャストと，床厚さの半分ほどの厚さだけを工場で作製して現場に取り付けた後にコンクリートを打設して一体化させるハーフキャストがある．

PCa で部材をつくることにより，前述のような利点が得られるが，さらに，PCa 作製時にあらかじめタイルを打ち込んで外装を仕上げたり，現場打設においてコンクリートがこぼれてしまうような段差のある部分に用いることにより施工性を高めたりする効果がある．ハーフキャストの PCa は，接合部分の剛性が高まると同時に型枠の役目も持っているので省力化を図ることができる．

2 プレストレストコンクリート（PC）

プレキャストを PC と呼びプレストレストを PS と呼ぶ場合もあるが，ここではプレストレストコンクリートを PC と呼ぶ．

PC とは，コンクリート部材の引張応力（＋）のかかる部位に PC 鋼材を入れて張力をかけ，コンクリート部分にあらかじめ圧縮応力（－）を発生させた製品である．建物として組み上げた後にこの部分に引張応力（＋）がかかると部材を変形させる力が打ち消されるので，より大きな応力に対抗できるという利点がある．PC に引張応力をかける方法には，次のような方法がある．

① プレテンション方式

あらかじめ引張応力をかけた PC 鋼材の回りに配筋して型枠を組み，コンクリートを打設して硬化させる方式である．

② ポストテンション方式

部材の張力をかける側にシースという管を設置してコンクリートを打設する方式である．硬化した後にシース内に PC 鋼材を入れて緊張し，部材の両端で固定する．

3 軽量気泡コンクリート（ALC）

コンクリートは密度の重い材料（2.3程度）であるが，空洞部分を多くして軽量化を図り工場製作したものが ALC である．製法は，シリカセメントと珪酸質骨材を主原料として，アルミニウム粉末の発泡剤を加えると，アルカリと反応して水素ガスが発生する．これを高温・高圧の蒸気釜に入れて養生し（オートクレーブ養生という）1 日で硬化させてつくる．

・密度が軽い（0.5程度）．

・強度が弱い（圧縮強度 3 N/mm^2 以上）．

・耐火性，断熱性，防音性に優れている．

・吸水率が大きくて水密性に劣る．

・専用のこぎりで切断加工ができる．

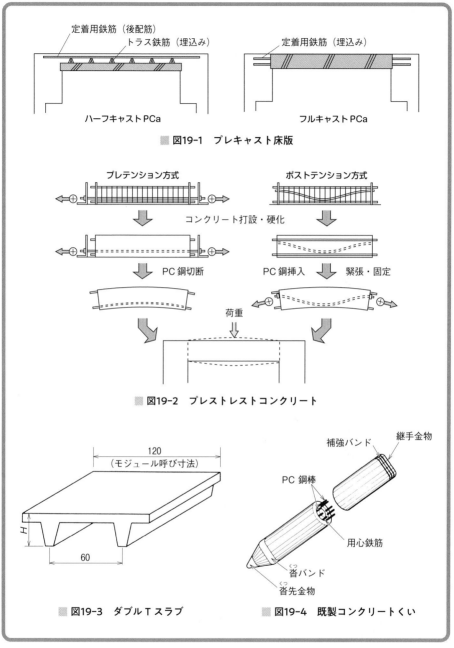

定着用鉄筋（後配筋）
トラス鉄筋（埋込み）

ハーフキャストPCa

定着用鉄筋（埋込み）

フルキャストPCa

■ 図19-1　プレキャスト床版

プレテンション方式

ポストテンション方式

コンクリート打設・硬化

PC鋼切断

PC鋼挿入　緊張・固定

荷重

■ 図19-2　プレストレストコンクリート

120
（モジュール呼び寸法）

H

60

■ 図19-3　ダブルTスラブ

補強バンド　継手金物

PC鋼棒

用心鉄筋

沓バンド

沓先金物

■ 図19-4　既製コンクリートくい

確認問題　次の問題のうち，正しいものには○，誤りのものには×で答えよ．　　　解答は163ページ➡

□□① プレキャストコンクリートで部材を製作することにより，工事現場の省力化が図れる．

□□② RC造のはりにプレストレスを導入することで，はり間寸法の大きな構造が可能となる．

□□③ ALC版の外壁は，多孔質なので吸水性が大きく断熱性に劣るが，耐火性に優れている．

20 コンクリートブロック

1 コンクリートブロック構造の概要

コンクリートブロックは耐久性があり，防音・保温効果もよく，低価格で施工しやすい利点があり，ブロック塀，浴室などの間仕切壁，倉庫などの建築物によく使用されている．

鉄筋コンクリート造の布基礎の上に，工場量産されたコンクリートブロックを積み重ねて壁体を構成する．補強のために鉄筋を入れ，頂部を鉄筋コンクリート製のがりょう，床版（床スラブ），または，屋根によって連結して一体化を図る構造である．

昭和20年代にアメリカからコンクリートブロックの製造技術が導入され，施工性の容易さとコストの面から普及したものである．使用ブロックは圧縮強度により，**A・B・C種**の3種類に分類され，それぞれ建築可能な規模が異なっている．

2 ブロックの材料・製法

① 使用セメント

製造に使用されるセメントはポルトランドセメント，高炉セメント，シリカセメント，フライアッシュセメントなどがある．

コンクリートの体積に対して，220 kg以上のセメント量とする．使用量が不足すると，耐久性や水密性に欠けて，品質が落ちる．

② 骨材

骨材にはコンクリートで使用されるものと同等の品質の砂や砂利を用いるが，近年では再生骨材Mグレードも使用している．

③ 製法

スランプ値を低くして固練りとし，振動機で詰めた後に加圧成型する．水セメント比は40%程度またはこれ以下が多い．

成型後は，養生室で十分に湿気を含ませながら高温で養生する．養生後は，約1週間常温により乾燥させた後に工場から出荷する．

3 形状

① 基本ブロック

壁体を構成する主要部分に用いるブロックで，垂直方向の接合部に径9 mm以上の鉄筋を通してコンクリート等で固める．

基本寸法は長さ390 mm，高さ190 mm，厚さは100 mm，120 mm，150 mm，190 mmの4種類がある．長さ×高さは設計時の割付けの際に，ブロック間の接着のために設ける目地の幅10 mmを加えて，400 mm×200 mmとなるよう製造される．

② 異形ブロック

コンクリートブロック構造では一定強度を保ち，倒壊を防止するために，2〜3段ごとに横方向の鉄筋を配置する．このときに用いるブロックは基本ブロックと異なり，横筋を通すことが可能な形状の横筋用ブロックを使う．

端部はデザイン性を考えて隅用ブロックを使用する．空洞部は鉄筋を覆うコンクリートが十分に詰められるような形，大きさを必要とする．**フェイスシェル**幅は強度，施工性からも25 mm以上としている．

4 ブロックの品質

① 骨材の強度による分類

使用骨材によってブロックの強度が異なる．A種は軽量骨材を使用し，強度が低いので，主に平屋建ての建築のほか，間仕切壁や塀として使用する．C種は硬質骨材を使用し，最も強度がある．一般に2階建にはB種，C種の厚さ150 mmのブロックを使用し，3階建にはC種の厚さ190 mmのものを用いる．

② 水密性による分類

化粧積みとして外壁の仕上げにブロックを使用する場合には，コンクリートの水密性を上げ，防水加工を施したものを使用する．

ブロックは日本のように地震がある場合には，施工を正確に行うことが必要である．

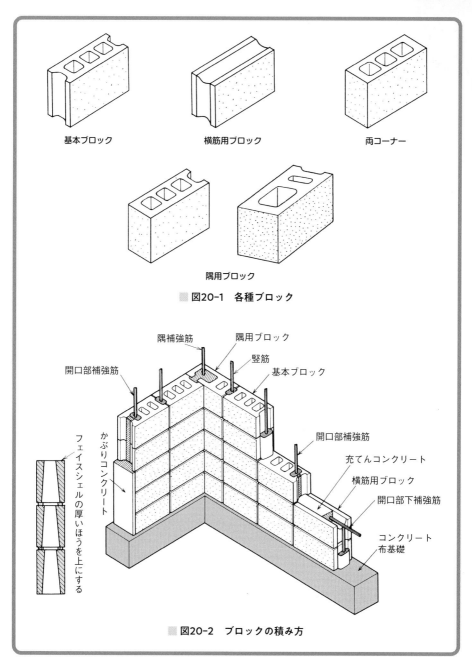

基本ブロック　　　　横筋用ブロック　　　　両コーナー

隅用ブロック

■ 図20-1　各種ブロック

隅補強筋　　　隅用ブロック

開口部補強筋　　　　　　竪筋

基本ブロック

かぶりコンクリート

フェイスシェルの厚いほうを上にする

開口部補強筋

充てんコンクリート

横筋用ブロック

開口部下補強筋

コンクリート布基礎

■ 図20-2　ブロックの積み方

確認問題　次の問題のうち，正しいものには〇，誤りのものには×で答えよ.　　　解答は 163 ページ➡

□□① コンクリートブロックで耐力壁を造る場合は，圧縮強度の高い A 種を用いる方がよい.

□□② コンクリートブロックは，フェイスシェルの厚さが狭いほうを下にして積み上げる.

□□③ ブロック形状には，基本ブロック以外に補強用鉄筋を通すための横筋用がある.

21 金属の歴史

1 鉄と建築

鉄の歴史は3000年以上と古く，すでに道具として加工されたものが遺跡から発見されている．金属の加工には高温度を必要とし，加工技術の発達していない時代は主に道具，装飾品として使用されていたに過ぎない．

建築の主要部分に鉄が使用されるのは産業革命以後である．その理由として考えられるものは，次のようなことである．

・鉄の製造技術が向上して，良質の材料が得られるようになった．

・産業の発達により，都市への人工集中が起こり，建築物の大型化・高層化が必要となった．

・工場などの内部は柱，壁などをなくして空間効率を上げたい．

・建築コストを低く抑える．

・それまでの石造建築と違い，デザインの新鮮さがある．

初期には組積造の補強材として鉄を使用した例もあるが，1851年，ロンドン万国博覧会の会場がジョセフ・パクストンにより鋳鉄の骨組とガラスによる透明な壁を用いて設計された．この建築は**クリスタルパレス**と呼ばれ，従来にはない新しい建築表現として近代建築を生み出す原動力となった．

2 近代建築と鉄の発展

近代建築が発展していく中で，19世紀末の建築家は新しい材料と構造法の特徴を生かして美しいデザインを試みようとした．その一つがウィリアム・モリスらによる**工芸運動（アーツアンドクラフト）**であり，手工芸にデザイン美を求めた活動であった．この刺激を受けてオランダやフランスでは過去の様式と違うデザインを模索し，鉄の自由に曲げられる性質を取り入れ，穏やかな曲線と曲面を持つ**アール・ヌーボー様式**が生まれた．

また，1889年にはG.エッフェルにより，パリ万国博覧会で新開発のベッセマー鋼を用いて**エッフェル塔**が設計され，鉄による建築の高層化を実現させた．同時期にアメリカ人のC.オーティスによるエレベータの開発があり，電気設備の発展とともに高層建築が普及する下地となった．建築への積極的な応用が試みられ，大量生産の時代へ突入する．

3 近代から現代へ

鉄骨構造の建築物が確立されてくるのは20世紀に入ってからで，事務所・工場を中心に，大空間が鉄とガラスの美しいデザインで建設された．これらの中に，ドイツ人のペーター・ベーレンス（AEGタービン工場），ワルター・グロピウス（ファグス製靴工場）などがあげられ，近代建築の基本的デザインの要素が表現されている．

一方，建築の高層化はアメリカで進んだが，火災に対しての配慮が不備で，1871年シカゴの大火災で熱に弱い鉄骨建築に大きな被害が出た．その後は鉄骨の耐火方法が研究され，1931年，ニューヨークにエンパイアステートビルが建設された．アメリカの工業力を象徴する建築で，世界有数の高さを誇っている．

日本では1857年に溶鉱炉が建設され，鉄の生産が始まり，1895年に印刷工場が最初の鉄骨建築として建てられた．当時の接合方法はリベット打ちが主流であったが，技術開発が進み，溶接技術・高力ボルトが普及して，超高層ビルが建設されるようになった．

現在は鉄だけでなく，他の金属材料と複合させた新素材を用いて，軽く，強く，美しい材料が開発されている．また，天然資源の有効利用を図るため，建設廃棄物の中から金属を分別して回収し，再処理工場で再生産するリサイクル工法が研究開発されている．

■ 図21-1　クリスタルパレス（水晶宮，ジョセフ・パクストン設計）

エッフェル塔の脚部はエレベータ
昇降路となっている．

■ 図21-2　エッフェル塔（パリ，G.エッフェル設計）

1 鉄・鋼の長所

人間の生活に最も密着した金属といえば鉄である．鉄に炭素や他の金属元素を配合したものを 鋼 という．日本の製鉄技術は優秀で，輸出を含めて広範囲に利用されている．

① 生産面から見た長所

- 鉄の原材料（鉱物資源）が豊富にある．
- 鉄の生産技術が高く，品質が一定である．
- 成型，加工ができ，種類が多い．用途に応じて 長大材から極小材 まで生産できる．

② 材質面から見た長所

- 引張強さが高く，薄い肉厚で構造材となる．
- 延性があり，加工が容易で，接合しやすい．
- 他の金属元素と組み合わせて，複合材料として使用できる．

③ デザイン面から見た長所

- 長大材が得られ， 大空間を実現 できる．
- 構法を選択し，超高層建築が可能である．
- 多様な成型で，デザインの自由度が高い．

2 鉄・鋼の短所

① 生産面から見た短所

- 生産設備が大型となり，設備投資に費用がかかるため，大量生産しないと価格を下げられない．
- 重量が重いために運搬費が高くなる．

② 材質面から見た短所

- 強度は高いが，比重が大きい（約7.8）ため，重いので使用部位に工夫を必要とする．
- 熱を伝えやすく，高温になると強度が低下し，変形する．火災に対して安全性への配慮が必要である．
- 酸化しやすく，錆の発生で強度が低下するので， 錆を防ぐ処置（防錆） が必要である（コンクリートはアルカリ性を示し，鉄筋を錆から守る役割をする）．
- 異種金属 を重ねて使用すると，イオン反応により腐食が生じる場合がある．

③ デザイン面から見た短所

- 建築は一品生産的な面があるため，独自性の強いデザインとなることが多く，使用する鉄，鋼は特注品となることもあり，建設コストの上昇を招きやすい．
- 金属は長期間放置すると劣化するので，耐久性を考えて肉厚の寸法となりやすく，設計イメージ通りにならないことがある．

3 鋼の性質

① 力学的性質（図22-1参照）

鋼の力学的性質を見るときに，鋼材の引張試験を行い，引張応力と外力によって生じる鋼材の伸び（ひずみ）との関係をグラフ化し， 応力度-ひずみ度曲線 （stress strain curve）を作成する．

- a．比例限度：外力とひずみが比例的な関係．
- b．弾性限度：外力を除くとひずみがほぼ0．
- c．上位降伏点：外力を増すとひずみが増大．
- d．下位降伏点：さらにひずみが増大する．
- e．最大引張強さ：引張応力度の最大値を示す．
- f．破壊点：鋼材が伸び切り，切断を生じる．強度点よりも低い値を示す．

鋼は炭素含有量により，引張強さや伸びに大きな影響があり，含有量が少ないものほど軟質となる．一般に建築用鋼材は， 炭素鋼 と呼ばれ，炭素含有量を0.3％以下としている．

② 温度による性質（表22-2参照）

鋼はコンクリートや木材に比べて熱を伝達しやすく，高温で変形や強度低下を生じる．構造体を維持できなくなるので，鉄骨構造では断熱効果の高い耐火被覆を必要とする．

③ 炭素以外の元素の影響

マンガン（Mn）は製鉄時に微量が混入するが，強度，硬度，じん性は増加する．リン（P）や硫黄（S）は加工の際に亀裂が生じる原因となる場合がある．

表22-1　鉄・鋼の分類

分類	炭素含有量〔%〕	種類	特徴・用途
鍛　鉄	0.03 以下	—	フェライトと呼び，純鉄は単体では存在しない
炭素鋼	0.03～0.3	低炭素鋼	軟鋼ともいい，鉄骨，鉄筋，鋼板などに使用
	0.3～0.35	中位炭素鋼	半硬鋼ともいい，レール，機械用形鋼および板に使用
	0.3～1.7	高炭素鋼	硬鋼ともいい，ばね，ピアノ線，工具などに使用
鋳　鉄	1.7～4	普　通	一般機械鋳物に使用
		高　級	耐摩耗性が高く，シリンダ，ピストンなどに使用
		特　殊	クロム，モリブデン，ニッケルを含み，高い引張力を必要とする場合に使用

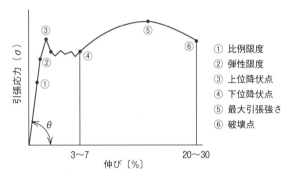

① 比例限度
② 弾性限度
③ 上位降伏点
④ 下位降伏点
⑤ 最大引張強さ
⑥ 破壊点

図22-1　鋼材の強度試験

表22-2　温度による性質（鋼材の温度と強度の関係）

温度〔℃〕	性質
0～100	比熱が 0.11，強度は若干減少
100～300	強度は上昇し，300℃近辺で最大値
300～500	強度は急激に減少し，500℃近辺で常温時の約 1/2
600	強度は常温時の約 1/3
1 000	強度はほぼなくなる
1 500	溶ける

確認問題　次の問題のうち，正しいものには〇，誤りのものには×で答えよ. 解答は 163 ページ➡

☐☐① 鋼材は，炭素含有量が多くなると軟質になるため，引張強さが小さくなる.

☐☐② ヤング係数は小さいと材料が固く，大きいと材料が柔らかいことを示している.

☐☐③ 一般的な鋼材は，引張強さは 200～300℃程度の温度で最大となり，ヤング係数や降伏点は温度上昇に伴って減少する.

鋼の加工には**高温加工**，**低温加工**，**熱処理**などがある．以下に概要を述べる．

1 高温加工

① 加工温度

炭素含有量に応じて，約1200℃程度の高温で開始し，900℃近辺で仕上げを行う．

② 用途

鋼鋳塊（ingot），硬鋼，26 mm以上の棒鋼（軟鋼），鋼板（厚さ16 mm以上）など大型のものは高温加工がよい．

③ 加工性

高温加工は仕上げ寸法が正確で，表面を平滑にできる．仕上げ温度が低いと強度や硬度は増すが，延性は減少する．

2 低温加工

① 加工温度

低温加工では常温に近い低温で行う．

② 用途

軟鋼で小型の鋼材の加工に使用される．

③ 加工性

鋼は常温に近い低温で加工すると，内部に生じたひずみを回復しにくくなり，伸びも減少し，もろくなる．大型の鋼材は高温加工または加熱加工を行ったほうがよい．

3 熱処理

鋼を熱した後に，再び冷却して鋼の組成に変化を起こし，鋼の性質を改善させる効果をねらった処理を熱処理という．焼なまし，焼入れ，焼戻し，表面硬化などの方法がある．

① 焼なまし（焼鈍し）

高温加工の際，仕上げ温度が高かった場合には組織の粗い鋼となることがある．これを800℃程度に熱し，ゆっくり冷却することにより鋼の伸びや強さを増す処理である．

a. アニーリング（annealing）：
　加熱した炉の中で冷却する方法で，伸びを調節する．

b. ノーマライジング（normalizing）：
　空中で徐々に冷却する方法で，強度を改善する．

② 焼入れ（ハードニング：hardening）

鋼を高温状態にし，水中などで急速に冷却することにより硬度を増す処理である．伸びが減少し，もろさを増すことがある．

③ 焼戻し（テンパリング：tempering）

焼入れした鋼はもろく，内部に**ひずみ**を生じている場合が多い．これを再度熱して徐々に冷却し，ひずみを取る処理である．ただし，焼戻した鋼は常温では不安定なので，安定するまで戸外などに放置する．これを「枯らし」という．

4 鋼材の腐食

鋼材の欠点で問題となるのは，**錆（さび）**などの腐食である．鉄筋コンクリート構造では外力や収縮による表面の割れ（クラック）が原因で，内部の鉄筋が錆びる場合もある．また，異種金属との接触によっても腐食が起こる．これらは大気中の酸素などの化学成分によって化学反応が起こる場合と，イオンによる電解作用による場合がある．

材料の腐食防止（防食）はなかなか困難で，海中にある場合やぬれたり乾いたりする部位，炭素含有量の多い鋼材は腐食しやすい．

防食法には以下のものがあげられる．

・水や湿気のあるものには接触させない．
・表面をきれいにし，乾燥状態を保つ．
・異種の金属は互いに接触させない．
・ひずみのない均質な鋼を使用する．
・油性ペイント，アスファルトなどの塗装を行い，表面を保護する．
・モルタル，コンクリートなどアルカリ性の材料で酸化しないように被覆する．
・ホウロウびき，めっき処理を施す．
・鋼材表面に金属酸化物の被膜をつくる．

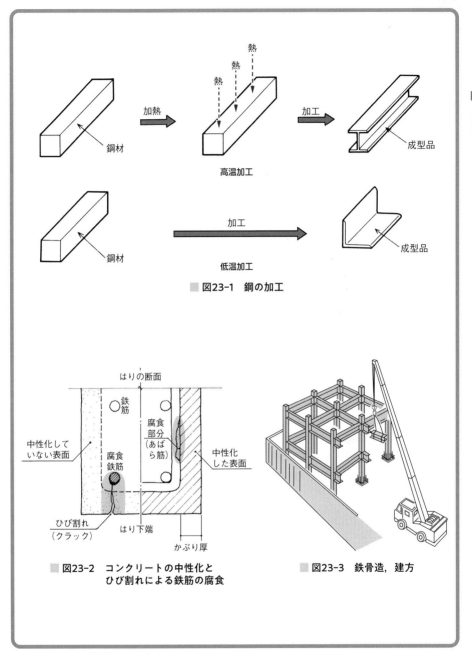

■ 図23-1　鋼の加工

鋼材 → 加熱 → 高温加工 → 加工 → 成型品

鋼材 → 加工 → 成型品

低温加工

■ 図23-2　コンクリートの中性化と
ひび割れによる鉄筋の腐食

はりの断面
鉄筋
中性化していない表面
腐食鉄筋
腐食部分（あばら筋）
中性化した表面
ひび割れ（クラック）
はり下端
かぶり厚

■ 図23-3　鉄骨造，建方

確認問題　次の問題のうち，正しいものには○，誤りのものには×で答えよ．　解答は163ページ➡

☐☐① イオン化傾向の小さい金属材料（銅板など）に接する鋼材は，異種金属接触腐食による腐食が進みやすい．

☐☐② 鋼を熱間圧延して製造するときに生じる黒錆（黒皮）は，表面に皮膜をつくるため，防食効果がある．

☐☐③ 鋼材は，炭素含有量が少なくなるほど，溶接性が低くなる．

1 形鋼

① 形鋼の成型

日本産業規格（JIS）によって定められている形鋼は1 000〜1 200℃に加熱して圧延し，ロール型を通して成型した構造用の軟鋼圧延材である．一般用圧延鋼（SS材），建築構造用圧延鋼材（SN材），火に耐性がある耐火鋼（FR鋼）と，マンガンの含有量を増加し，溶接性を向上させた溶接用圧延鋼（SM材）に分けられる．

② 形鋼の分類

形状から分類すると，等辺山形鋼，不等辺山形鋼，溝形鋼，球平形鋼，I形鋼，T形鋼，H形鋼などに分けられる．高層建築の柱，はりにはH形鋼，I形鋼が単一材として使用されるが，コスト高となるため，山形鋼や溝形鋼などが組立材として使用される．

③ 軽量形鋼

常温で圧延して成型される厚さ6 mm以下の形鋼を軽量形鋼という．断面が薄く，軽量で住宅用の鉄骨建築や各種間仕切壁の骨組みに使用される．形状により，軽山形鋼，軽溝形鋼，軽Z形鋼，リップ溝形鋼，ハット形鋼，リップZ形鋼などがある．

2 棒鋼

① 棒鋼の分類

一般に形が棒状の鋼材を棒鋼という．加熱圧延して成型される断面の形は円形，四角形，六角形，八角形のものがある．これらのうち鉄筋コンクリート造に使用されるものを鉄筋コンクリート用棒鋼という．これ以外に棒鋼は手すり子（手摺子），窓格子，装飾用金物などに使用される．

② 鉄筋コンクリート用棒鋼

鉄筋コンクリート用棒鋼には丸鋼（SR）と異形棒鋼（SD）がある．

　a. 丸鋼：断面が円形で表面が平滑である．

　b. 異形棒鋼：コンクリートとの付着面積を増し，鉄筋とコンクリートの一体化を図るために表面に節（リブ）を設けた棒鋼である．節の角度は軸方向に対して45°以上である．

3 鋼板

① 平鋼

平鋼は厚さ6 mm，9 mmのものが多く，12 mm以上のものもある．高温加工によって成型され，鉄骨構造の柱，はりのつなぎなどの構造用に使用される．

② 帯鋼（鋼板）

厚さ3.2 mm以上，幅914 mm以上の形状の鋼板で種類が多い．構造用のほか，造船用，車両製造にも使用される．加工を行い，基礎工事の根切りの際に土砂崩れを防ぎ，わき水の噴出を防止するために用いるシートパイルにも使用される（厚さ8〜12 mmのもの）．

③ 薄板

厚さ3 mm以下の鋼板を薄板という．成型を行い，軽量形鋼や鉄筋コンクリート打設時に用いる鋼製型枠の素材となる．

このほかに，加工して以下の製品がある．

　a. 亜鉛鉄板：腐食防止のため，表面に亜鉛めっきを施したもので，トタン板とも呼ばれる．形状により平板と波板があり，屋根仕上げに使用されることが多い．ただし，亜鉛は酸・アルカリに弱いので，海岸沿いの場所やモルタルと接する箇所は腐食を起こし，使用できない．

　b. カラー鉄板（着色亜鉛鉄板）：亜鉛鉄板の表面に着色塗装したもので，屋根や外壁に使用されている．

　c. ホウロウ鉄板：鉄板の表面に釉薬をかけ，900℃程度で焼付けしたもの．耐久性，耐食性に優れ，美しいので外壁仕上材として使用される．

丸鋼（直径 9〜25 mm）

異形棒鋼（D10〜D41）

▨ **図24-1　棒鋼**

等辺山形鋼

不等辺山形鋼

I 形鋼

H 形鋼

T 形鋼

溝形鋼

▨ **図24-2　形鋼**

軽山形鋼

リップ溝形鋼

リップ Z 形鋼

ハット形鋼

軽溝形鋼

軽 Z 形鋼

▨ **図24-3　軽量形鋼**

▨ **表24-1　形鋼・棒鋼・鋼板**

種類	分類	形状	用途
形鋼	形　鋼	等辺山形鋼・不等辺山形鋼・I 形鋼・溝形鋼・球平形鋼・T 形鋼・H 形鋼	柱・はり
	軽量形鋼	軽溝形鋼・軽 Z 形鋼・軽山形鋼・リップ溝形鋼・リップ Z 形鋼・ハット形鋼	天井下地・壁下地
棒鋼	棒　鋼	棒状の鋼材	手すり子・窓格子
	鉄筋コンクリート用棒鋼	丸鋼・異形棒鋼	柱・はりに掛かる引張力に対する補強材に使用
鋼板	平　鋼	厚さ 6.0 mm，9.0 mm のものが多い　厚さ 12.0 mm 以上のものもある	鉄骨造の柱・はりのつなぎなどに使用する
	帯　鋼	厚さ 3.2 mm 以上，幅 914 mm 以上の形状のもの	造船・車両・シートパイル
	薄　板	厚さ 3.0 mm 以下の鋼板	鋼製型枠（加工して屋根・外壁材に使用）

確認問題　次の問題のうち，正しいものには○，誤りのものには×で答えよ.　　　　解答は 163 ページ➡

☐☐ ① SS 材は，建築だけでなく橋梁や機械設備等で多く使われている，一般構造用圧延鋼材鉄鋼材である.

☐☐ ② SN 材は，建築物の構造材料としての性能を考慮して規格化された，建築構造用圧延鋼材である.

☐☐ ③ FR 鋼は，600℃における降伏点が，常温規格値の 1/2 以上あることを保証した，建築構造用耐火鋼材である.

49

1 鉄管

① 鋼管（steel pipe）

軟鋼を成型した厚さ 2〜5 mm の円形断面のものである．高温加工による継目なし鋼管，溶接による鍛接鋼管などがある．

a. 白ガス管：管の表面（内外とも）を亜鉛めっき処理し，設備配管に使用される．

b. コンジットチューブ：管の表面を亜鉛めっきした上に内部を電気絶縁塗装したもので，電気配線用に使用される．

c. 足場用鋼管：仮設足場に使用する鋼管．

d. 鋼管くい：基礎工事に使用される．強度，展延性に富み，曲げや衝撃に強いが腐食に対して弱いので，塗装などの防錆処理を必要とする．

② 鋳鉄管（cast iron pipe）

鉄を高温で熱し，流動性のある状態で鋳型へ入れ，成型したものである（鋳造という）．鋼管と比較して錆びにくいが，強度や展延性に欠けるので，コーナー部には異形管（曲管）を使用する．給排水などの衛生設備用の配管，ガス管に使用される．

2 ボルト・くぎ（釘）

① ボルト

ボルトは本体，ナット，座金で組み合わされて，部材間の接合をするために使用される．

a. 普通ボルト：一般に使用されるもので，酸化鉄の被膜が付いており，その色から黒皮ボルトともいわれる．上質なものに磨きボルトがある．

b. アンカーボルト：基礎と土台，柱脚部を緊結するために用いる．鉄筋コンクリート造の基礎に埋め込まれて固定する．

c. 高力ボルト：素材に高張力鋼を使用したもので，鉄骨造によく使用される．ハイテンションボルト（FT）ともいう．

② くぎ（釘）

一般にくぎは，軟鋼の線材を常温で加工成型した鉄丸くぎがよく使用される．一般建築の木材の接合には，板厚の 2〜2.5 倍の長さのくぎを使用する．普通くぎのほかに，鋼製以外も含めて次のものがある．

a. 亜鉛くぎ：亜鉛鉄板，かわらなどの屋根工事には，亜鉛めっきで腐食防止したくぎが使用される．

b. 銅くぎ：銅板仕上げとした場合には，他の金属のくぎを使用すると腐食が起こるので，銅くぎを使用する．銅くぎは酸化して表面に緑青（ろくしょう）を発生するが，引き抜きは起こりにくい．

c. ステンレスくぎ：内装仕上げの段階で，とくにクロス張り仕上げとする場合には，鋼製くぎを使用すると，湿気によりくぎの頭が錆びてクロス表面が変色してくる．これを防止するため，下地材の留め付けに錆びにくいステンレスくぎを使用する．

③ 木構造用金物

木材の継手や仕口の補強，接合に各種の金物を使用する．形状と寸法により多種あり，強度と安全性を考慮して，適したものを使用している．金物の種類には，かすがい，短冊金物，山形金物，角金物，羽子板ボルト，筋かいプレート，ひねり金物などがある．

3 線材（鉄線），その他

鋼材を線状の細い材料に加工したもので，鉄筋や足場材の固定に用いる番線や，良質な鉄線をより合わせたワイヤロープ，高炭素鋼を用いて引張力が高いピアノ線などがある．

そのほかに，線材を網状にして左官下地となるワイヤラスや，薄い鉄板に切れ目を入れて引き伸ばし，網状にしたメタルラス，鉄板に小さな穴を多数開けたパンチドメタルがある．

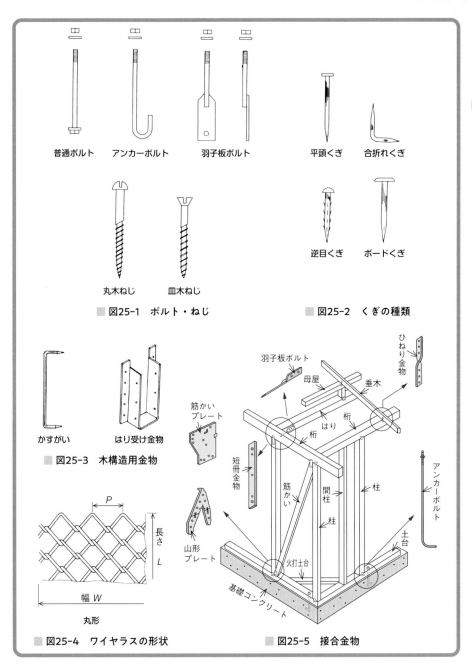

普通ボルト　アンカーボルト　羽子板ボルト　　平頭くぎ　合折れくぎ

丸木ねじ　皿木ねじ

逆目くぎ　ボードくぎ

■ 図25-1　ボルト・ねじ　　　　　■ 図25-2　くぎの種類

かすがい　はり受け金物

■ 図25-3　木構造用金物

羽子板ボルト

ひねり金物

母屋　垂木

桁　はり　桁

筋かいプレート

短冊金物

筋かい

間柱　柱

柱

アンカーボルト

山形プレート

火打土台

土台

基礎コンクリート

■ 図25-5　接合金物

丸形

■ 図25-4　ワイヤラスの形状

確認問題　次の問題のうち，正しいものには○，誤りのものには×で答えよ.　　　　解答は164ページ➡

□□① 木造軸組工法において，土台と柱を山形プレートで接合した.

□□② 木造軸組工法において，柱と筋かいと軒桁を筋かいプレートで接合した.

□□③ 木造軸組工法において，小屋ばりと軒桁を短冊金物で接合した.

1 アルミニウム

アルミニウムは鉄鋼に次いで重要な金属材料である．歴史的には新しい材料で20世紀になってから工場で量産が始まった．

① アルミニウムの長所

・比重は約2.7で，**軽量な金属**である．

・約660℃で溶融し，鋳造性に富む．

・強度，耐力は鉄鋼よりやや低いが，展延性や加工性に富み，厚さ0.01 mm程度の極薄板の製造も可能である．

・毒性がなく，光学的反射率が高く，美しい光沢がある．

・空気中の酸素と化学反応し，酸化アルミニウムの被膜をつくる．耐水性，耐熱性があり，内部の腐食は阻止される．

② アルミニウムの短所

・純度が低いと**耐食性が低下**する．

・アスファルト，瀝青に侵食されないが，酸，アルカリに弱く，コンクリート面や土に接して使用すると腐食する．

・湿った木材との接触によっても腐食する．

・**耐火性に欠け**，100℃を超えると強度が低下するので，構造材には不向きである．

・鋼と比べ，弾性係数は1/3，熱膨張係数は2倍あり，加熱すると変形が大きく，熱応力の発生に注意しなければならない．

③ アルミニウムの加工と用途

アルミニウムは軟質であるので，マンガン，マグネシウムなどの元素を加えて強度，耐食性を向上させた合金がつくられる．航空機の機体材料となるジュラルミンはこれらの合金の一つである．また，以下の表面処理を行い，さまざまな用途に使用されている．

a. 陽極酸化被膜：耐食性向上のために，硫酸やクロム酸液などで電気的に被膜（アルマイト）をつくる方法で，着色もできる．

b. めっき，ホウロウ：酸化被膜を除いて，下地に亜鉛めっき，仕上げに銅めっき，クロムめっきを行う．ホウロウは低溶融の釉薬を用いて美しい仕上げとなる．

c. 塗装：ジンクロメートなどで下地処理し，合成樹脂塗料で塗装する．

アルミニウムは建築材料として，窓やドアなどの建具のほか，家具，外壁材，カーテンウォール，金物など広範囲に使用され，加工性がよく，軽量であることから，**複合材料の芯材にハニカム状で**使用されることもある．

2 ステンレス

ステンレスは炭素鋼にクロム（Cr），ニッケル（Ni）などを含ませた合金（特殊鋼）で，炭素量が少ないほど耐食性がある．

① ステンレスの性質

・大気中，水中で錆びにくい．

・炭素含有量が多いと強度は高いが，錆びが発生しやすくなる．

・クロム18%，ニッケル8%を含んだものを18-8ステンレス鋼と呼び，軟質であるが錆びにくいので，主に仕上材に使用される．

② ステンレスの用途

加工性，耐食性がよいので，清潔感のある材料として，建具，壁体の仕上材，調理台，電気器具，装飾金物など広範囲に使用される．ヘアライン仕上げと呼ばれる独特の雰囲気を持つものもある．

3 チタン

現代建築では工業技術の発達により，これまでの金属材料だけではなく，軽量で強度が高く，酸性雨などへの耐久性，耐食性に優れる金属の研究開発が進められている．

チタン（Ti）はステンレスと同様の加工性と，優れた耐久性があるためドーム球場などの屋根材や内外装材として使用されている．

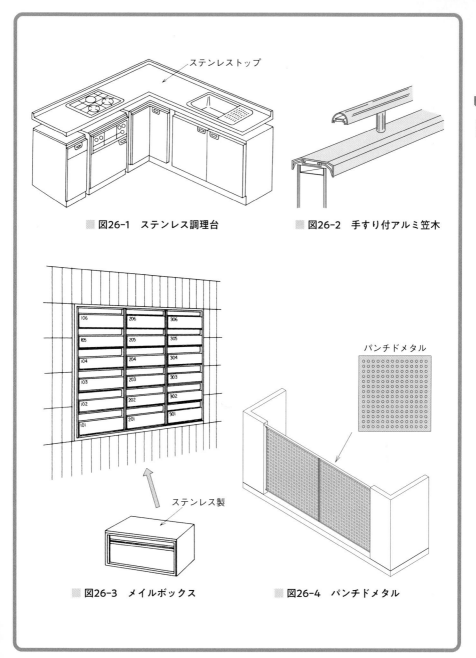

■ 図26-1　ステンレス調理台

■ 図26-2　手すり付アルミ笠木

ステンレストップ

パンチドメタル

ステンレス製

■ 図26-3　メイルボックス

■ 図26-4　パンチドメタル

確認問題　次の問題のうち，正しいものには○，誤りのものには×で答えよ.　　　解答は164ページ➡

□□ ① アルミニウム材の比重は，鋼材の比重の約 1/2 である.

□□ ② ステンレス鋼は，一般構造用圧延鋼材の炭素鋼に比べて，耐食性・耐火性ともに優れている.

□□ ③ チタン板は，耐久性・耐食性に優れた金属材料で，銅板やステンレス板に比べて軽い.

27 その他の金属

金属

1 銅（Cu）

銅は最も古くから人間の使用してきた金属材料である．日本でも遺跡の発掘調査の際に出土する銅鐸（どうたく）などがあり，装飾や建築用に広範囲に用いられていた．

① 銅の長所

・電気，熱の伝導率が大きい．
・酸化して緑青色の被膜＝緑青（ろくしょう）を表面につくり，独特の美しさがある．内部への錆の侵食を防止する．
・耐食性，耐水性があり，仕上材に適する．
・展延性，加工性がよい．

② 銅の短所

・アルカリに弱く，使用部位に注意が必要である．海水，コンクリートやモルタル面に接して使用すると腐食する．
・便所周囲などのアンモニアが存在する場所には向かない．
・銅は他の金属と併用すると腐食を起こすので，くぎや金物類も銅を使用するか，めっき処理したものを用いる．

③ 銅の用途

加工性がよいためにさまざまな成型品がつくられるが，薄板，管，線類のものが多い．
・建築用には独特の外観を生かした屋根材として使用される．
・看板，表札などの装飾用．
・伝導性がよいので，電気・機械用配線に使用されるが，コスト高の面もある．

2 銅の合金

銅には他の金属と合わせた合金がある．それぞれ性質，用途は異なるが，主なものに黄銅（しんちゅう）と青銅（ブロンズ）がある．

① 黄銅（しんちゅう）

銅と亜鉛の合金で，亜鉛の含有量によって色調が赤色から金色へ変化する．銅の含有量

が多いほど赤色が強い．性質は以下のとおりである．
・銅より安価で，加工性がよい．
・強度と耐食性があるので，ドアノブ，ちょう番などの建具金物や装飾用に使用される．

② 青銅（ブロンズ）

銅と錫（スズ）との合金で，歴史上で最も古くから人間に使われた金属である．一般に鋳造でつくられて重く，もろい面もあり，次の鉄器時代を迎えることになった．
・黄銅より耐食性が高い．
・表面は青緑色を呈し，美しい．
・各種の装飾品，工芸品に用いられるが，スズの含有量を増して鐘もつくられる．
・亜鉛，鉛を入れて強度・耐久性に優れた砲金は建築金物，機械部品に使用される．

3 他の金属材料

その他の金属の概要を述べる．

① ニッケル（Ni）

耐食性が大きく，青白色の美しい光沢がある．そのままでは，めっき用に使用されるが，主に合金材料として重要である．
・洋銀は銅，亜鉛を含んだ合金である．
・クロムとの合金は電熱線（ニクロム線）として用いられる．

② 鉛（Pb）

比重が大きく，耐酸性はあるがアルカリ性に弱い．展延性に富む金属である．
・コンクリート・モルタル面に接して使用することはできない．
・水道管，ガス管などに使用されるほかに，X線遮へい材としてレントゲン室の壁，床に使用される．

③ 亜鉛（Zn）

表面に酸化被膜をつくり，内部を保護するので，鉄材のめっきに使用されている．

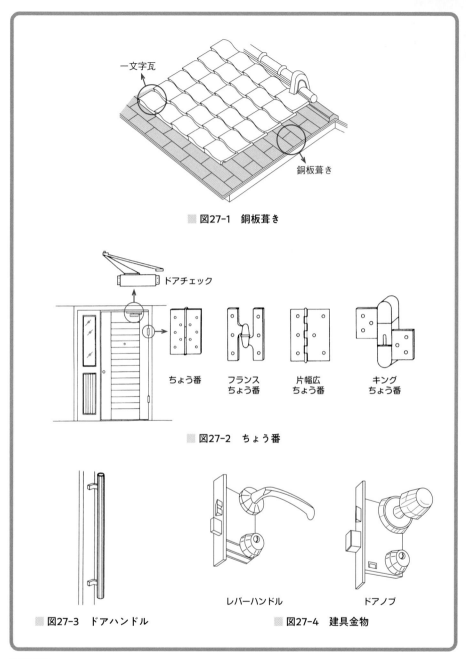

一文字瓦

銅板葺き

■ 図27-1　銅板葺き

ドアチェック

ちょう番　　フランス　　片幅広　　　キング
　　　　　　ちょう番　　ちょう番　　ちょう番

■ 図27-2　ちょう番

レバーハンドル　　　　　ドアノブ

■ 図27-3　ドアハンドル　　　　　　■ 図27-4　建具金物

確認問題　次の問題のうち，正しいものには〇，誤りのものには×で答えよ.　　　　解答は 164 ページ ➡

□□① 銅が錆びて生じる緑青は，毒性が強く人体に有害である.

□□② ニッケルは水や海水に対しても腐食しにくいため，メッキやニッケル合金として使われる.

□□③ 亜鉛めっきは，防腐性と密着性が高く美しいが，コスト高になるため，高級品に使われる.

28 陶磁器の歴史

1 陶磁器の歴史概略

古代においては粘土を焼成し，生活に必要な道具をつくった．これらが土器であり，遺跡の発掘ではよく出土する．古くは高温度で焼成する技術が低く，吸水性の高い土器がつくられた．エジプトでは約 7000 年前，中国は約 6000 年前，日本では 4000 年前のものが発見されている．

時代が進み，簡単な窯がつくられ，**焼成温度**が高くなると材質がよくなった．また，エジプトでは紀元前 3800 年ごろになると土器に**釉薬**をかけて焼成する陶器が現れた．釉薬により防水性が増したので，水，油，酒などの液体を貯蔵，運搬できるようになり，人類の生活と密接なものになってきた．

中国では，600 年ごろに良質の原料を使用して，高温度で焼成し，薄くて硬質で美しい**磁器**が製造された．シルクロードを渡って，ヨーロッパへ輸出されるほど品質の高いもので，以後，現在まで磁器のことをチャイナと呼ぶこともある．

日本は中国からの影響を受けて，奈良時代に遣唐使によって陶器の技術が伝えられた．同じころ，**瓦**（かわら）の製造技術も伝わり，寺院の屋根に使用された．その後，朝鮮半島を経由して，陶工，製造技術が伝わり，安土・桃山時代には千利休らによる茶道の普及から技術が発達し，優れた陶芸品が製作された．

長い鎖国が終わり，明治時代にヨーロッパの合理的技術を導入し，短期間のうちに世界で有数の生産国に成長した．

2 タイルの歴史

古代エジプトは歴史が古く，最古の**タイル**はサッカラの階段状ピラミッドに使用されたものといわれる．エジプトでは良質な石材を建築に用いることが多い．紀元前 3000 年ごろ，釉薬を用いて焼成された初期のタイルは，主に宮殿の内部装飾に使用された模様である．

その後，イスラム世界でタイル技術が発達し，イスラム教寺院（モスク）を中心に着色タイルを建築の外装面（ファサード）に使用した．これらは金，銅などを混入し，多彩な色としたものでヨーロッパへその技術が普及した．

ヨーロッパではこの技術を加えて，各地に工場ができ，オランダのデルフト，フランスのセーブル，スペインのバルセロナなどがタイルの産地となって生産技術が発展し，世界のタイルの中心となった．

日本でタイルが普及するのは明治時代からで，洋風建築の導入につれて，仕上材として使用された．1863 年長崎のグラバー邸や，1870 年大阪造幣寮の泉布観にはイギリス人のウォートルスによりデザインタイルが使用されるが，いずれも輸入タイルであり，国産のタイル製造は明治中期以降であった．

しかし，これらのタイルは主に装飾用で，一般建築用の外装，床用が安価になって普及するのは昭和時代になってからである．

3 れんが（煉瓦）の歴史

れんがはエジプトが源で，紀元前 5000 年前から歴史があるとされている．エジプトのナイル川は毎年，洪水を起こす．水がひいた後に残された肥沃な土を練り上げて型に入れ，太陽熱で乾燥させた「**日乾れんが**」が最初のものといわれている．これに対して，メソポタミアでは技術が発達し，窯焼きのれんががつくられた．

日本では明治期にれんがが製造が始まり，東京駅前の丸の内一帯にれんが造の建築物が建てられるが，大正 12 年の関東大震災により組積造が大打撃を受けた後は，構造材としてよりも仕上材として一般に普及した．

■ 図28-1　グエル公園ベンチ（モザイクタイル）

■ 表28-1　素地の種類

種類	用途	原料	焼成温度〔℃〕	吸水性	色調	材質
土器質	れんが 土管 かわら	普通粘土	1 000	あり	土色不透明	多孔質でもろい 吸水性があり，釉薬しない場合が多い
陶器質	かわら 内装タイル 衛生陶器	有機物を含む粘土	1 200	あり	白色不透明 有色不透明	釉薬で防水的にする 打音は濁音，強い
炻器質	れんが・陶管 テラコッタ 硬質がわら 床用タイル	有機物を含まない良質粘土	1 300	少ない	有色不透明	ち密で堅硬，強い 吸水性が少なく，外装タイルにも使用する
磁器質	高級タイル 装飾タイル 食器	良質粘土 長石 ケイ石	1 400	最小	白色不透明	厚さが薄く，ち密で打音は金属音，堅硬で最強

1 タイルの特徴

タイルは粘土を焼成してつくられる**陶磁器質タイル**（ceramic tiles）を一般に意味し、次のような特徴がある。

① タイルの長所

- 耐熱性、耐摩耗性があり、耐久性に優れている。
- **耐薬品性**があり、変質しない。
- 焼成温度によって吸水率は異なるが、耐水性に優れている。
- 絶縁性があり、表面被覆に使用できる。
- 色彩、デザインに美しいものがある。

② タイルの短所

- 重量が重い。
- タイル内部の気孔に水分が入り、凍結した場合にタイルが壊れる**凍害**を受ける。
- タイルは接着に注意を要する。一度はがれると補修に手間がかかる。
- 他の仕上材料と比較して高価である。
- 材質的に弾性に乏しい。

2 素地の種類

タイルの原料はカオリン、がいろ目、木節粘土などの粘土を粉砕し、適度に水分を加えて調合したものを使用する。これを型に入れて成型したものを**素地**（きじ）という。

タイルの素地には、主に使用する粘土の質と焼成温度により次の3種類がある。

① 磁器質（born china）

純粘土を使用して、900℃で素焼きした後、1400℃で本焼きを行う。素地質はち密で硬く、吸水性がない。たたくと金属音がし、白色を示す。建築以外では食器に使用されている。薄くて強いタイルである。

② 炻器質（stoneware）

磁器質と比較して焼成温度がやや低く、約1300℃で焼き上げる。ち密で硬質であるが、有色である。吸水性は低い。

③ 陶器質（ceramic）

原料の粘土にやや不純物が混入する。他に比べ焼成温度が低く、約1000℃で本焼きする。素地質はやや粗く、吸水性がある。たたくと濁音を発する。

3 タイルの分類

タイルは部位、形状により内装用、外装用、床用、モザイクタイルなどに分類される。

① 内装タイル

一般に内装タイルは室内の壁・天井の仕上げに使用されるもので、陶器質のものが多い。吸水性があるので加水膨張し、凹そりが生じて表面にひび割れ（貫入）を生じたり、凍害を受けやすいので、製作時に凸そりをつけて変形を防ぐ工夫をする場合もある。

② 外装タイル

外装タイルには強度や耐候性を考慮して、磁器質、炻器質のものを使用する。凍害を受ける地域では、吸水率を4%以下とするように定められている。

③ 床タイル

床タイルには強度と耐摩耗性が要求され、厚みのある磁器質、炻器質のものが使われる。タイルは弾力性が少なく、滑りやすいことから、事故防止のため表面加工することが多い。

④ モザイクタイル

正方形、長方形、円形などの小片を散りばめて、種々の図柄や模様を表したタイルである。通常は、30cm角の台紙を裏面にはり付けたユニットタイルが主である。

⑤ タイル形状その他

タイルは形状により、表面の平滑な平物とコーナー部や端部に使用される各種の**役物**に分類される。接着される下地モルタルの状況や施工方法などにより故障が生じやすいので、注意が必要である。

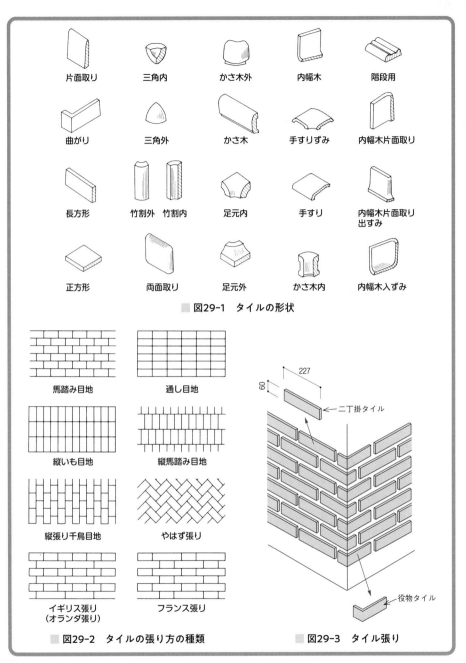

片面取り　三角内　かさ木外　内幅木　階段用

曲がり　三角外　かさ木　手すりずみ　内幅木片面取り

長方形　竹割外　竹割内　足元内　手すり　内幅木片面取り
出すみ

正方形　両面取り　足元外　かさ木内　内幅木入ずみ

■ 図29-1　タイルの形状

馬踏み目地　通し目地

縦いも目地　縦馬踏み目地

縦張り千鳥目地　やはず張り

イギリス張り
（オランダ張り）　フランス張り

■ 図29-2　タイルの張り方の種類

227
60
二丁掛タイル

役物タイル

■ 図29-3　タイル張り

焼成品

確認問題　次の問題のうち，正しいものには○，誤りのものには×で答えよ．　　　　解答は 164 ページ➡

□□① テラコッタは，土を成型して焼いた素焼きタイルで風合いがあるが，吸水率が高いため汚れやすい．

□□② タイルは吸収率により，Ⅰ類（3% 以下），Ⅱ類（10% 以下），Ⅲ類（50% 以下）に区分される．

□□③ 炻器質タイルは，吸水率が大きく透水するため，外装材としては使用されない．

59

30 かわら

かわら（瓦）は代表的な屋根仕上材料で，古くから世界で広範囲に使用されている．

1 かわら（瓦）の特徴

① かわらの長所

- 耐久性，耐火性，断熱性があり，外装材として適しており，美観に優れている．
- 成型品であるため，多種類の型があり，デザインに応じて使用できる．
- 製品の一つずつは小型なので，破損した場合の不良箇所を交換しやすい．

② かわらの短所

- 他の屋根材料と比較して重量があり，構造的には建築物の上部が重くなり，地震などに対して不利となりやすい．
- 焼成品であるため，大きさなどに若干の差があり，施工時に注意を必要とする．
- 固定しにくく，重ね部分から雨水が侵入することがあり，下地に防水処理を必要とする．

2 かわらの製法

かわらの製造に用いる原料は，田畑や山の粘土で有機物，アルカリ分を含まないものを使用する．一般には，一定の場所に自然の力でたい積して層状となったものを使用する．

これらを以下の工程により製造する．

(1) 原料の粘土を機械または足で踏み，内部の空気を追い出すようによく練る．

(2) 型に入れて適度な大きさにする．

(3) 適度な硬さになると圧縮成型機に入れて成型する．

(4) 切込みや表面磨きなどの表面加工を施す．平滑なものを磨き，端部を丸くすることを面取りという．

(5) 天日乾燥し，できたものを素地という．

(6) 窯に入れ，900〜1 500℃程度で焼成する．

(7) 冷却して品質検査を行う．

3 かわらの種類（材質）

かわらは焼成する前後の工程で加工を施し，仕上げに変化をつける．主なものに「いぶし」と「釉薬」がある．かわらの産地により原料の粘土と製造技術に特徴があり，それぞれに美しいものがある．

① いぶしがわら

焼き上がる直前に半枯れの松葉などを加え，かわらの表面に炭素の被膜をつくったもので，黒色の美しい色調となる．このうち，表面を雲母などで磨いたものを「磨きかわら」といい，防水性が高く，渋い光沢がある．

② 釉薬かわら

素地に酸化鉄やマンガンなどの釉薬（酸化金属の水溶液）を塗り，焼成したものである．金属酸化物の化学変化により赤，緑，青などの色調を持つかわらとなり，防水性がある．

また，食塩を投入するとかわら表面にガラス状の被膜ができ，吸水性が低く，寒冷地で凍害を受けにくい塩焼きかわらもある．

4 かわらの形状と寸法

かわらは形状により，和かわらと洋かわらに大別される．また，屋根のどの部分に使用するかにより多種類のものがある．特殊な部分で使用されるかわらを除いて，1枚の寸法は長さ，幅ともに30 cm前後のものが多く，相互に葺き重ねるために，1坪（約3.3 m²）当たり50〜60枚程度を使用する．

5 かわらの品質

かわらには雨漏りの原因となるような変形，亀裂などがないこと，外観に欠点がなく，吸水率が低いことなどの品質が要求される．

このほかに，ポルトランドセメントと砂を混ぜて工業的に生産されたセメントかわらもある．また，沖縄では独特の形と色の琉球瓦とシーサー（魔除け）を配した屋根が美しい景観をつくっている．

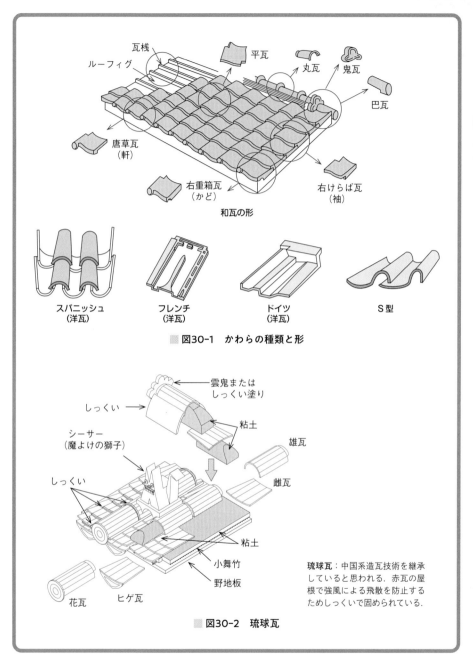

■ 図30-1　かわらの種類と形

平瓦

丸瓦

鬼瓦

巴瓦

唐草瓦
（軒）

右重箱瓦
（かど）

右けらば瓦
（袖）

和瓦の形

瓦桟

ルーフィグ

スパニッシュ
（洋瓦）

フレンチ
（洋瓦）

ドイツ
（洋瓦）

S型

雲鬼または
しっくい塗り

しっくい

シーサー
（魔よけの獅子）

しっくい

粘土

雄瓦

雌瓦

粘土

小舞竹

野地板

花瓦

ヒゲ瓦

琉球瓦：中国系造瓦技術を継承
していると思われる．赤瓦の屋
根で強風による飛散を防止する
ためしっくいで固められている．

■ 図30-2　琉球瓦

確認問題　次の問題のうち，正しいものには〇，誤りのものには×で答えよ．　　　　解答は 164 ページ➡

□□① 釉薬瓦（陶器瓦）は，粘土を成形・乾燥させ，表面に釉薬を施して焼成した瓦である．

□□② 粘土がわらは，1 000℃で加熱した瓦を無酸素状態の窯に入れ，松（枝や葉）を用いていぶした瓦である．

□□③ 琉球瓦は雄瓦，雌瓦を上下に組合せ，白漆喰またはモルタル等で塗り固めて施工する．

31 れんが・セラミックブロック

1 れんが（brick）の特徴

　日本を代表する近代建築に赤れんがの東京駅，法務省があげられる．れんがは独特の美観により現在まで使用されている．

① れんがの長所

・**断熱性**がよく，耐火的である．
・**耐薬品性**があり，耐久性がある．
・強度があり，吸水率が低いので，建築物の外壁や舗装面の仕上げに適する．

② れんがの短所

・構造部に使用すると壁厚が厚くなり，重量が増す．
・組積造となるために**耐震性は乏しい**．日本では，関東大震災以後は建築物の主要構造部にれんがを使用しない．
・開口部の位置，大きさに制約を受ける．

③ れんがの製法

　れんがの原料には粘土を用いるが，粘性の強い場合には次のような材料を加える．

・適度な量の砂．
・粘土焼成品の廃材を粉末状にしたもの（シャモットという）．

　これらの原料を土練り機でよく混ぜ合わせ，次に成型機を用いて任意の形をつくり，乾燥後に焼成する（かわらとほぼ同じ工程である）．成型するときには，乾燥により収縮することが多いので，収縮率を見込んでやや大きめにする．大量生産にはトンネル窯が使用されている．

④ れんがの種類

　れんがには形状と材質により，**普通れんが**，**耐火れんが**，**空洞れんが**などがある．

a. 普通れんが：一般に建築でよく使用されるれんがである．大きさはJISにより，

長さ×幅×厚さ＝210×100×60〔mm〕

に定められている．

　全形のままを「**おなま**」というが，用途に応じて形状が異なる．

　また，焼成を十分に行い，吸水率の低くなったものを焼き過ぎれんがという．

b. 耐火れんが：溶鉱炉，煙突の内張りなどに耐火性のあるれんがが使用される．高熱を受け，かつ化学変化に耐えられるようアルミナ，クロム，炭素などを混入させて製造される．標準的な寸法は，

長さ×幅×厚さ＝320×114×65〔mm〕

で，耐火性能によって，低級，普通，高級の3種類に分類される．

c. 空洞れんが：れんが内部を空洞にして断熱性を向上させ，ボイラや煙突の外積み用に使用する．強度は小さいが，軽量で表面に小さなひだを付けたものが多い．

⑤ れんがの積み方

　れんがの施工を行う場合には，1日の積上げ高さは15段以内とする．一般に長手面を表面にして積む場合を長手積み，小口面を表面にする場合を小口積みという．れんがとれんがの間をつなぐモルタル面を目地というが，積み方により目地の名称は多種ある．

2 セラミックブロック

　陶器質または炻器質のブロックで，形状はコンクリートブロックに類似している．粘土を乾燥させて粉砕し，水を加えて真空土練り機でよく混ぜる．用途により竪穴ブロックと横穴ブロックの形状に成型し，トンネル窯で焼成する．

　鉄筋で補強して構造体とするほか，釉薬により着色も可能なので，仕上用にも使用される．寸法は，

長さ×高さ＝320×154〔mm〕

で，幅15 cmのものが一般的に使用される．

　コンクリートブロックと比較して強度が大きく，吸水率が低い．品質と形状によりA種とB種に分けられる．

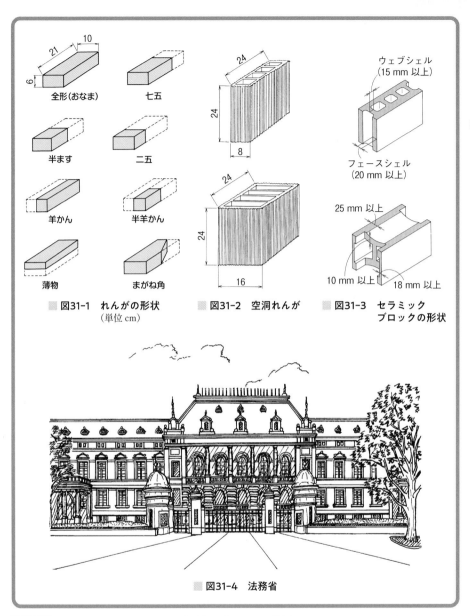

■ 図31-1　れんがの形状
（単位 cm）

■ 図31-2　空洞れんが

■ 図31-3　セラミック
ブロックの形状

全形（おなま）

七五

半ます

二五

羊かん

半羊かん

薄物

まがね角

ウェブシェル
（15 mm 以上）

フェースシェル
（20 mm 以上）

25 mm 以上

10 mm 以上

18 mm 以上

■ 図31-4　法務省

確認問題　次の問題のうち，正しいものには○，誤りのものには×で答えよ.

解答は 164 ページ➡

□□ ① 普通レンガの形状は全形を標準とし，各辺を 1/2，1/4，3/4 などの分数倍したものを組み合わせて
　　用いる.

□□ ② セメントレンガ（コンクリートレンガ）はセメントと砂，砂利や砕石と水などを混ぜて枠に入れたあと
　　乾燥させ，焼いてつくる.

□□ ③ レンガ壁などの表面に付着する白い結晶のようなものは，エフロレッセンス（白華現象）と呼ばれ，雨
　　水などで石灰などの成分が溶け出し，表面に浮き出してきたものである.

63

32 衛生陶器・陶管

1 衛生陶器の性質

衛生陶器は衛生設備に使用される器具類の総称で，大小便器，洗面器，浴槽，流しなどがある．色調は清潔さを求められることから，白色，ベージュなどの淡色系のものが多い．近年は表面に防汚処理したものや，ガラスセラミック素材（有機ガラス）のものがある．また，機能面ではタンクレス型や暖房洗浄便座が普及している．

① 衛生陶器の特徴

- ・衛生面から見て**表面が平滑**であり，汚物が漏れないように傷，割れなどの欠点がなく，水洗いに適した材質であること．
- ・材質として吸水性がなく，水漏れがしないこと．低温での使用時に**凍害**が生じやすい．
- ・製作する上で構造が簡単で，形状や寸法に狂いがなく生産できること．
- ・強度があり，繰り返し使用に耐えること．
- ・清掃に薬品を使う場合があるので**耐酸性，耐アルカリ性**があること．
- ・美しいデザインであること．

② 衛生陶器の素地

衛生陶器の原料の粘土を泥しょう状にし，セッコウでつくられた型枠に流して成型する．乾燥後に焼成するが，素地により3種類に分類される．

- a．**溶化素地質**：高級陶器を使用し，高温度で焼成する．素地の一部分がガラス状になったもので，吸水性がない．
- b．**化粧素地質**：耐火粘土を使用し，その上に溶化素地質の薄膜を密着させたもの．
- c．**硬質陶器質**：陶器素地を十分に焼きしめたもの．一度焼きと二度焼きがあり，二度焼きでは釉薬の層がなじむので，吸水性がやや低くなり，高級品となる．

2 衛生陶器の規格・形状

衛生陶器は機能上，洗浄水の放流に支障がなく，また，水や湯をためても漏水しないような形状としなければならず，品質の上からも検査が厳しい．

衛生陶器の欠点は，以下のようである．

- a．**泡**：大きさ0.3～1.0 mm程度の突起
- b．**ぶく**：大きさ1 mm以上の突起
- c．**しみ**：1 mm以上の有色部（変色）
- d．**ピンホール**：0.3～1 mm程度の釉薬のない部分のむら．くすりはげ
- e．**貫入**：釉薬部分の細かいひび割れ
- f．**さめ切れ**：素地の毛細状のひび割れ
- g．**欠け**：釉薬，素地の欠けた部分
- h．**くすりだま**：釉薬が厚過ぎた部分
- i．**切れ**：素地のひび割れで釉薬がかかっていない部分
- j．**仕上がりむら**：釉薬面の波状または不規則な凹凸

衛生陶器では器具だけではなく，配管とのつなぎ目が重要で，悪臭や逆流防止のために**トラップ**を設ける場合が多い．

3 陶管

陶管は上下水道，煙道，電線ケーブル埋設，化学工業用と広く使用されている．

① 素焼土管

釉薬を使用せずに，1 000℃程度で焼成したもの．吸水性があり，強度も弱いので簡単な排水管や煙道に使用する．

② 釉薬陶管

食塩釉薬を使用した一般的なもの．吸水性が少なく，上下水道，排水，電気線用に広く使用される．

③ 耐火粘土製陶管

耐火粘土を使用した煙道用の陶管である．これらは耐酸性，耐アルカリ性を備え，水中，地中での使用を考えて，強度が必要である．

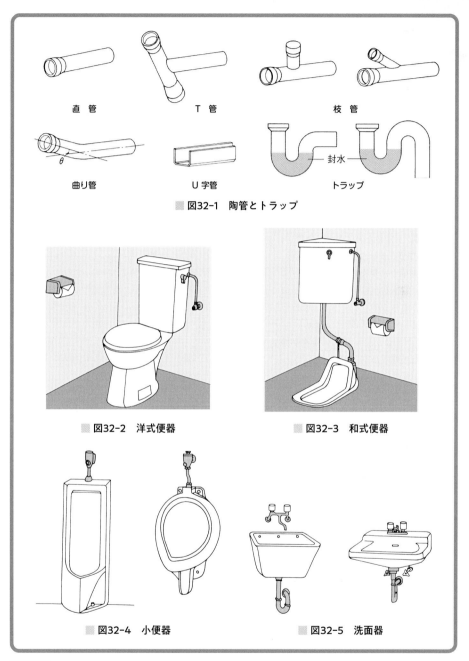

直 管　　　　　　　　T 管　　　　　　　　　　枝 管

曲り管　　　　　　　U 字管　　　　　　封水　　　トラップ

■ 図32-1　陶管とトラップ

■ 図32-2　洋式便器　　　　　　　　　■ 図32-3　和式便器

■ 図32-4　小便器　　　　　　　　■ 図32-5　洗面器

確認問題　次の問題のうち，正しいものには○，誤りのものには×で答えよ.　　　　　解答は 164 ページ➡

□□ ① Pトラップは Sトラップに比べ，封水の排出が起きやすい.

□□ ② 住宅用タンクレス型洋式大便器は，水圧を利用して洗浄するため，設置箇所の給水圧の確認が必要になる.

□□ ③ 大便器の洗浄方式では，洗落し式の方がサイホン式に比べて，臭気の発散・汚物の付着が少ない.

65

33 プラスチックスの特徴と種類

プラスチックス

1 プラスチックスの概要

　プラスチックス（plastics）は**可塑性**を持つ合成高分子物質で，合成樹脂などに似た性質がある．19世紀のセルロイドの発明以後，金属元素やガラス繊維などの配合を変化させて，多様な形状と性質のものを用途に合わせて工場生産してきた．

　建築の材料としては板材，シート，塗料，接着剤，タイルなど広範囲に使用されている．

2 プラスチックスの長所と短所

① 生産面から見た長所・短所

・大量生産が可能でコストダウンによる利点はあるが，工場への設備投資と災害に対して注意が必要である．

・可塑性が大きいので，**複雑な形状の成型も可能**である．

・用途に応じ性能を自由に合成することができるが，複雑なものはコスト高を招く．

② 材質面から見た長所・短所

・耐水性，耐薬品性の高いものがある．

・軽量で強度は比較的高いが，加熱による変形や低温時の強度低下が生じる．

・衝撃や振動を吸収する能力が高く，広範囲に使用されるが，荷重による変形を生じやすいので，構造材には利用しにくい．

・摩耗に強い性質を持つ一方，長期間屋外に置くと**紫外線や温度変化により劣化**する．

・燃えると多量の煙や有毒ガスを発生することが多く，使用部位が限定される．

・接着性が高く，気密性があるので接着剤やシーリング材に適している．

③ デザイン面から見た長所・短所

・展延性が高く形状や色彩が多種類あり，デザインの自由度が高く仕上材に適する．

・透明な質感のものもあり，デザイン効果に幅があり，ディスプレイに使用される．

・不要材料の**廃棄とリサイクルが課題**．

3 主な熱可塑性プラスチックス

　加熱によって軟化し，冷却すると硬化する性質を**熱可塑性**といい，この性質を持つものを熱可塑性プラスチックスという．

① ビニル系樹脂

　代表的なものに塩化ビニル樹脂があり，酸やアルカリに強く，板材，パイプ類，タイル，シート，塗料など広範囲に使用される．燃焼の際に塩素ガスを出すが，燃えにくい．

② アクリル樹脂

　ガラス状の平板として利用することが多く，耐候性はあるが，耐薬品性に欠ける．光を透過させ，多様な色彩があるので屋根材，壁材，ドアやディスプレイ用などに広く使用される．加熱によって変形しやすく，商店のドアに使うと夏季には膨張して開閉に支障をきたす場合もあるので注意する．

③ ポリウレタン樹脂

　塗膜防水やシーリング材に使用される．ウレタンゴムは高強度で，耐摩耗性に優れている．また，気泡材としてクッションや保温性を高めるものが製造されている．

4 主な熱硬化性プラスチックス

　加熱により硬化し，網状の分子構造が発達して固体化したプラスチックスである．

① シリコン樹脂

　耐候性，防水性に優れ，コンクリート面の防水塗料，ゴム，積層材，シーリング材などに広く使用されている．

② メラミン樹脂

　この樹脂の積層板をデコラといい，耐熱性があり，たばこの火で焦げることがない．仕上材，家具用に使用されている．

③ ポリエステル樹脂

　耐熱性，耐候性があり，ガラス繊維で強化した平板は **FRP** と呼ばれ，バスタブやボード類に広範囲に使用されている．

表33-1　熱可塑性プラスチックス

種類	燃焼性	耐薬品性	物理的性質	用途
ポリエチレン樹脂	燃えやすい	アルカリに強い	吸水率なし	シート・バケツ・パイプ
塩化ビニル樹脂	燃える	よい	耐候性あり	シート・水道管・タイル・看板
塩化ビニリデン樹脂	燃える	よい	成型性よい	防虫網・屋外用ネット・畳表
酢酸ビニル樹脂	燃える	有機溶剤に溶ける	軟化温度低い	接着剤・塗料
ポリウレタン樹脂	燃える	耐溶剤性あり	耐摩耗性あり	ウレタンゴム・塗料・接着剤
アクリル樹脂	燃えやすい	耐薬品性あり	耐熱性あり	照明カバー・採光ドーム・ドア
ポリプロピレン樹脂	燃えやすい	耐薬品性あり	耐候性あり	温泉配管・電線被覆
フッ素樹脂	燃えにくい	耐薬品性あり	耐熱性あり	耐熱耐圧パッキング・ライニング

表33-2　熱硬化性プラスチックス

種類	燃焼性	耐薬品性	物理的性質	用途
メラミン樹脂	燃えない	安定	耐水・耐熱性あり	化粧板・食器・塗料
フェノール樹脂	燃えない	アルカリに弱い	耐水・強度あり	照明・テレビ・大型スイッチ
ユリア樹脂	燃えない	安定	吸湿性大	合板の接着剤・キャビネット
アルキッド樹脂	燃えない	耐アルカリ性あり	耐候性大	塗料・接着剤
シリコン樹脂	燃えない	安定	耐熱性大	シリコン油・シリコンゴム
エポキシ樹脂	遅く燃える	安定	接着力大	接着剤・プリント配線板
不飽和ポリエステル樹脂	燃えない	安定	耐候性大	FRP（ガラス繊維強化プラスチックス）・バスタブ・浄化槽・ボート

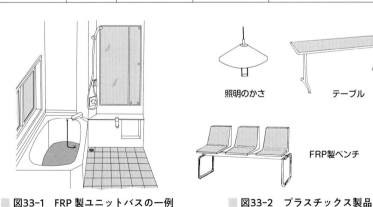

照明のかさ　　テーブル

FRP製ベンチ

図33-1　FRP製ユニットバスの一例　　　### 図33-2　プラスチックス製品

確認問題　次の問題のうち，正しいものには○，誤りのものには×で答えよ.　　解答は165ページ➡

☐☐① 塩化ビニル樹脂は，酸やアルカリに強く，板材，パイプ類，塗料など用途は広い.

☐☐② ポリウレタン樹脂は，塗膜防水，シーリング材や保温性を高める材料に使用される.

☐☐③ メラミン樹脂の積層板をデコラといい，使用部位は耐熱性が劣るため，限定される.

34 防水材料
防水の歴史とアスファルト

1 古代のアスファルト

防水材料の代表的なものにアスファルトがあげられる．その使用は古代メソポタミアが最初とされ，れんが積みの接着用や浴場の防水材に使用されるほか，道路の舗装用に普及していたとされる．

古代エジプトでは，死者を埋葬するときに防腐のためアスファルトを染み込ませた布を巻いていた．これらはミイラといわれ，英語の「mummy」はアラビア語の「瀝青で処理したもの＝mumia」に由来するようである．

2 アスファルトの工業化と発展

① 石油アスファルトの開発と工業化

1836年：ロンドンでアスファルト舗装工事．

1894年：石油からアスファルトを精製する方法がベイヤーにより開発される．

1901年：原紙にブローンアスファルトを浸透させたルーフィング（現在のものと同様）が製造される．

1902年：石油アスファルトの大量生産始まる．

工業生産が始まり，天然アスファルトより石油アスファルトの占める割合が高くなり，供給量が増加するとともに価格も安く，防水性の高い石油アスファルトが広く普及した．

また，鉄筋コンクリート構造と鉄骨構造が開発され，それまでのデザインと異なる建築も出現し，屋上歩行用の防水材としてアスファルトが普及したことも一因と考えられる．

② 日本での発展

日本では平安時代からアスファルトの存在は知られていたようであるが，木造建築物に使用された例は少ない．明治時代になると，洋風建築の普及につれて使用が増加し，道路にアスファルト舗装が行われるようになった．大正時代以降にビル建築が増加し，屋上防水の需要が高まり，国内生産するようになった．

3 アスファルト防水の概要

建築物のデザインは屋根の形をどのようにするかにより，平面が同じでも大きく異なる．近代建築では屋根面を水平にして，屋上歩行を可能にしたデザインが生まれ，これに適応したアスファルト防水を施工することが多い．

これは防水性の高いアスファルト製品をモルタル面などの屋根下地の上に層状にはり付けるもので，施工に注意すると屋根面を密閉状態とすることが木造建築でも可能である．防水の仕方はこう配が緩く歩行可能な屋根（被覆防水）と，こう配のややある非歩行用屋根（露出防水）によって異なる．

4 アスファルトの種類

① 天然アスファルト

天然アスファルトはアメリカやメキシコなどで産出され，日本へ輸入される．

a. レーキアスファルト：液状でビチューメンの量が多く，加熱して精製すると質のよいアスファルトが得られる．

b. ロックアスファルト：多量の砂，粘土，岩に染み込んだ固形状のもので，ビチューメンの量は少ない．砕石状にして道路工事などに使用されることが多い．

② 石油アスファルト

石油を原油から分留するときに生産されるもので，土木・建築に多用されている．

a. ストレートアスファルト：原油を蒸留し，ピッチに至る前に留出量を制限して残留分を半固形にとどめたもの．粘着性，伸び，硬さは温度によって変化しやすい．アスファルト乳剤や防水フェルトの原料になる．

b. ブローンアスファルト：重油を固体化する前に250℃程度に加熱して精製したもの．粘着性，浸透性は低いが，耐候性に優れ，アスファルトルーフィングの主原料になる．

■ 表34-1　各種の防水

種類	主な材料	施工性	耐久性	用途	補修の難易度
アスファルト防水	アスファルトルーフィング類	やや面倒	良好	歩行用屋根・ベランダ・地下室・水槽	困難
モルタル防水	モルタル・防水剤	容易	劣る	屋根・ベランダ・ひさし	やや困難
防水コンクリート	水密コンクリート（水セメント比 50% 以下）	困難	限度あり	屋根スラブ	やや困難
合成高分子ルーフィング防水	合成高分子ルーフィング・シーリング材	容易	限度あり	屋根・ベランダ・シート防水	容易

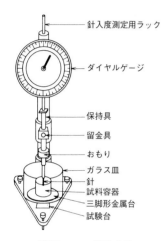

針入度測定用ラック
ダイヤルゲージ
保持具
留金具
おもり
ガラス皿
針
試料容器
三脚形金属台
試験台

■ 図34-1　針入度計

■ 表34-2　アスファルト

分類	表面張力	透水係数	特徴
ストレート	低い	7〜9	ストレートアスファルトと重油の混合物に 250 ℃ の熱気を吹き込み製造低温時の特性が優れる
ブローン	高い	4〜6	石油精製過程で最後に残った残さ油

■ 表34-3　アスファルト製品

種類	状態	用途	特徴
アスファルトプライマー	溶液またはエマルジョン	下地処理および接着	コンクリートの表面に塗り，アスファルトを浸透させる
防水工事用アスファルト	ブローンアスファルト	接着	軟化点が高く，感温性が小さい
	コンパウンド		混入剤を入れて軟化点を高め，耐候性を高めたもの
ルーフコーティング	溶剤を混合しパテ状	端部処理	アスファルトなどを混合したパテ状のもの
アスファルトフェルト	原紙にアスファルトを浸透させたもの	防水・防湿	耐酸性，耐アルカリ性，耐久性などに優れている
アスファルトルーフィング	原紙両面にアスファルトを塗布	防水・防湿	フェルトと同様

35 アスファルト防水

1 アスファルトの規格

① 防水工事用アスファルトの規格

下記の用途別に使用される（JISより）.

a. 1種：通常の感温性があり，比較的軟質．適度な温度条件の室内，地下構造部分の防水に適する.

b. 2種：比較的小さい感温性があり，緩いこう配の歩行用屋根に使用する.

c. 3種：小さい感温性があり，一般地域の非歩行用屋根に使用する.

d. 4種：小さい感温性があり，軟質．寒冷地域での防水に使用する.

② アスファルトの針入度

アスファルトの硬さを示す尺度に，試験機を用いて表した**針入度**がある．規定の針が試料中に垂直に貫入した深さで表す．通常は，数値の高いもののほうが軟質である.

2 アスファルト製品

ストレートアスファルト，ブローンアスファルトを原料に多種類のアスファルト製品が防水工事用につくられている.

① アスファルトプライマー

ブローンアスファルトを溶かして液状にし，乳化剤と安定剤を混ぜ合わせたもの．常温では3時間程度で乾燥するようにつくられている．粘度が低く，**防水層の下地処理剤**として使用されることが多い.

下地にはけ塗りすると，アスファルト被膜をつくり，ビチューメン質がつなぎ剤の役割をして，次の工程のアスファルト層とよく接着する．ただし，多孔質のALC板には不向きで，樹脂分を含んだものが使用される.

② アスファルトフェルト

ぼろ布，くず紙などの原料をフェルト状の厚紙として乾燥させ，これに軟質のストレートアスファルトを加熱溶融させて吸収させる．回転ロールで乾燥，厚さを調整して製造

される．**防水下地**，**左官下地**に使用される．吸水性があるので，単独では防水効果が少なく，防水層の中間層に用いられる．通常は幅1 m，長さ42 mで一巻きとし，重さに30 kgのものと40 kgのものがある.

③ アスファルトルーフィング

アスファルトフェルトの両面に，ブローンアスファルトを加熱溶融して塗布したもの．表面には雲母などの粉末を塗り，互いの接着を防止している．通常は幅1 m，長さは21 mで，重さは35 kgと45 kgの2種類がある．屋根防水層の中心となるが，さらに加工した製品もあるので，以下に簡単に述べる.

a. 砂付ルーフィング：アスファルトルーフィングの表面に色砂や鉱物質の粒子を密着させ，着色して美観を配慮した製品．非歩行用屋根などに使用される.

b. 網状アスファルトルーフィング：アスファルトルーフィングは硬く，曲げにくい材料なので，粗織の布にアスファルトを浸透させて曲げやすくした網状アスファルトルーフィングがある．布は綿，麻，合成繊維を使用する．屋上の立上り部や給排水管との接合部など，細工の必要な部分に使用されている.

c. 穴あきルーフィング：夏季の高温時や冬季の寒冷時にはアスファルトだけでなく，下地のモルタル面も伸縮するが，互いの伸縮率が異なるために亀裂が発生し，防水の故障原因ともなっている．このため，防水層と下地面を全面密着させる工法ではなく，点状に散在した接触面で防水層を密着させる**絶縁工法**が考案された．これに使用されるルーフィングで，70 mm以下の間隔に直径30 mm以下の穴をあけ，そこにアスファルトが流れて下地面との密着性を向上させる.

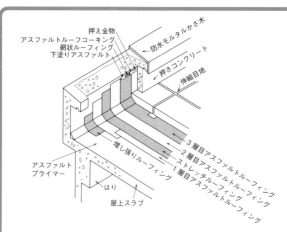

■ 図35-1　防水押え（RC造）

■ 図35-2　アスファルトの
　　　　　防水層の構成

■ 表35-1　アスファルトの規格（JISより）

種類	1種	2種	3種	4種
軟化点〔℃〕	85以上	90以上	100以上	95以上
針入度25℃, 100 g, 5 s	25〜45	20〜40	20〜40	30〜50
針入度指数	3以上	4以上	5以上	6以上
蒸発量〔%〕	1以下	1以下	1以下	1以下
引火点〔℃〕	250以上	270以上	280以上	280以上
感温性	普通	やや小さい	小さい	とくに小さい
加熱安定性〔℃〕	5	5	5	5
だれ長さ〔mm〕	―	―	8以下	10以下

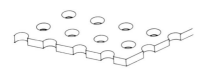

■ 図35-3　穴あきルーフィングの形状

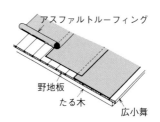

■ 図35-4　アスファルト下地（木造）

防水材料

確認問題　次の問題のうち，正しいものには○，誤りのものには×で答えよ.　　解答は165ページ➡

□□ ① アスファルトの硬さを示す尺度に針入度があり，その数値が高いものほど硬質である.

□□ ② アスファルトプライマーは，下地面とアスファルト防水層の下地処理剤として使用される.

□□ ③ アスファルト防水は，下地面に溶融したアスファルトとアスファルト製品を数層張り合わせて防水性を
　　　得る.

36 合成高分子ルーフィング・塗膜防水

1 合成高分子ルーフィングの特徴

合成ゴム，ポリ塩化ビニルなどを主な原料とし，可塑剤，安定剤，着色剤などを加えて品質を整え，シート状に圧延成型したものを使用するので，<u>シート防水</u>ともいわれる．

〈長所と短所〉

- 材料に伸展性がありモルタル下地の伸縮に対して亀裂（クラック）が生じにくい．
- 重量が軽く，施工が容易である．
- 熱に対して弱く，変形を生じやすい．
- 紫外線が当たると硬化し，クラックを生じる場合がある．
- 接着剤の良否で防水性能が変化する．
- 下地処理，乾燥状況，ゴミの付着により影響を受ける．
- 人体に有害なものを使用しないよう注意が必要である．

2 シート防水の種類

合成高分子ルーフィングシートは主原料のみで構成されている均質シート系とシートの基盤となる布や補強材に合成高分子を塗布した複合シート系がある．それぞれ主原料により以下の3種類に区別されている．

① 加硫ゴム系

ブチルゴム，エチレンプロピレンゴム，クロロスルホン化ポリエチレンなどがある．

気温の制約を受けず，耐候性に優れている．オゾン劣化を生じる危険がある．

② 非加硫ゴム系

加硫ゴム系と主成分は同様であるが，硫黄を加えて加熱処理などの加工をしない生ゴムの状態である．40℃以上では変形する場合があり，屋根防水では押え保護層が必要となる．

③ 塩化ビニル樹脂系

塩化ビニル樹脂，塩化ビニル共重合体などがある．低温で硬化するので，下地の伸縮に対して抵抗性が小さい．自己消炎性がある．

3 高分子ルーフィングの接着剤

シート防水では接着剤の良否で防水性能に変化をきたすので注意が必要である．接着剤の材質はトルエン，キシレン，アセトンなどの有機溶剤に溶かしたものが多い．これらは，揮発性が高く，接着性がよい．また，下地にはこれらの接着剤を薄めたもの（プライマー）を塗布する．

このほか，ルーフィング接合部では端部の水密性を保持するため，接着用テープを使用し，押え層の目地施工に伸縮目地を用いる．

4 塗膜防水

シート防水と類似するが，下地面に<u>樹脂系の塗装</u>を施し，薄い樹脂被膜をつくって防水性を得る工法である．主に下記の3種類がある．

① エマルジョン型塗膜防水

アクリル，アクリルスチレン，酢酸ビニルなどのエマルジョンを数回に分けて塗布し，1 mm程度の塗膜をつくる．補強のため，グラスファイバーなどを入れる場合もある．

② 溶剤型ゴム系塗膜防水

ネオプレーン，ハイパロンなどがある．耐候性，耐油性があり，シート防水と同様な被膜を形成する．ハイパロンは着色が自由で，仕上用に使用されるがコスト高である．

③ エポキシ系塗膜防水

エポキシ樹脂は2〜3回塗り，厚さ0.2 mm程度と薄い．また，価格も高くつく．

化学工場の床などに防水層を兼ねた仕上材として使用されている例がある．

④ FRP（繊維強化プラスチック）防水

液状のポリエステル樹脂に硬化剤を添加したものを補強材のガラスマットと組み合わせて，一体にした塗膜防水である．施工が速く，軽量で高強度な防水層が形成される．下地の動き・施工部位・用途により仕様を使い分ける．

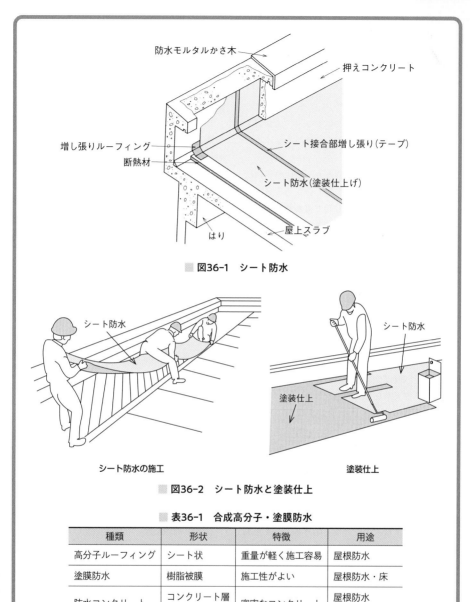

図36-1　シート防水

シート防水の施工

塗装仕上

図36-2　シート防水と塗装仕上

表36-1　合成高分子・塗膜防水

種類	形状	特徴	用途
高分子ルーフィング	シート状	重量が軽く施工容易	屋根防水
塗膜防水	樹脂被膜	施工性がよい	屋根防水・床
防水コンクリート	コンクリート層そのもの	密実なコンクリート	屋根防水 亀裂処理が困難

解答は 165 ページ➡

確認問題　次の問題のうち，正しいものには○，誤りのものには×で答えよ.

□□① シート防水は，下地面に合成ゴム系，合成樹脂系などの合成高分子ルーフィングシートを接着し，防水性を得る.

□□② シート防水の防水性能は，接着剤の良否に影響を受けない.

□□③ 塗膜防水は，下地面に樹脂系の塗装を施し，薄い樹脂皮膜層により防水性を得る.

37 ガラスの歴史と特徴

1 ガラスの起源

　ガラスの発祥地は古代エジプト，メソポタミアで装身具やつぼなどの装飾品やタイルの釉薬として使用されていた．

　現在の透明ガラスと異なり，金属酸化物によって着色され，製造が難しいため少量生産であったので，貴重品として扱われていた．

　ローマ時代に入って，吹きガラスの技法が発明され，生産量が増加した．長さ1mほどの管の一端にガラス原料を熱して取り付け，反対側から空気を吹き込んで中空のガラスをつくり，ガラスを成型する方法である．

2 建築への応用

　建築材料としてのガラスはローマ時代から始まる．紀元79年にイタリア南部のベスビオス火山の噴火によって埋没したポンペイの遺跡から板ガラスやガラスが入っていたと推測される天窓などが発掘された．

　大きな板ガラスは製造できなかった様子で，小さな色ガラスを連結し，適当なデザインを施した窓ガラスがつくられた．この技術は教会の内部を独特の雰囲気にするステンドグラスへと発展した．6世紀には，ローマ皇帝ユスティニアヌスがステンドグラスを教会へ献上したといわれる．

　窓ガラスは次第に普及し始めるが，まだ高級品で，教会や宮殿などの限られた建築だけに使用されていたようである．その土地ごとの風土に適したものがつくられ，フランクガラス，ビザンチンガラス，イスラムガラスなどとともに，ベネチアガラスが名高い．

　当時，地中海貿易でガラスによって大きな利益をあげていたベネチアは，ガラス職人の保護，育成と技術の流出を恐れて，ベネチアのムラノ島に隔離し，独特のガラス装飾品を生産し，ヨーロッパの貴族の間で珍重されていた．

3 ガラスの量産と近代建築

　19世紀以降，近代建築が発展すると新しい構造として鉄骨，鉄筋コンクリート造が現れ，ガラスが石材に代わって建築ファサードの重要なポイントとなった．

　1854年，ロンドン万国博でのクリスタルパレス（水晶宮）はその先駆けとなったものである．20世紀に入り，建築の機能性と合理性を求め，W.グロピウスはファグス靴工場でガラス入りのカーテンウォールを用いて設計し，M.ローエはアメリカでガラスカーテンウォールの高層建築を設計する．

　これらの建築の動きに合わせて，ガラスはより丈夫で高機能なものへ発展し，現代建築デザインで不可欠の重要な材料となっている．

4 ガラスの長所と短所

① 生産面から見た長所・短所

・工場生産品で，均一な製品が得られる．
・大量生産により安価であるが，大型のものや特殊なガラスは高価となる．
・運搬には注意が必要で，大きさに対して一度に運べる量が少ない．

② 材質面から見た長所・短所

・硬く，平滑で美しい光沢がある．
・熱処理すると高強度のものも可能である．
・光，視線を遮らない透明度がある．
・水や空気に対する耐久性はあるが，音の遮断性はやや欠ける．
・引張強さ，曲げ強さが弱く，割れると危険で，使用部位に注意が必要である．
・熱応力に弱く，急激に熱すると割れる．

③ デザイン面から見た長所・短所

・多彩な色調があり，仕上材に適する．
・鏡にもなり，外観デザインの大きな要素で，種類によっては室内環境を調整できる．
・強化ガラスなど，種類により現場での寸法変更による切断が困難な場合がある．

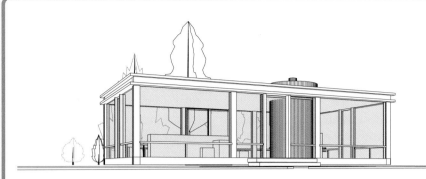

■ **図37-1　グラスハウス（P. ジョンソン設計）**

■ **表37-1　板ガラスの特性**

種類	外壁	間仕切り	浴室	室内床	トップライト	窓ガラス	風除室	家具類	ベランダ	フェンス	カーポート	ショウウインドー	展示ケース	サイン	透過性	加工性	安全性	防火性	断熱性	デザイン性	拡散性	結露防止
透明板ガラス	○					○		○							○	○						
すり板ガラス			○			○										○					○	
型板ガラス	○		○			○		○								○					○	
フロートガラス	○					○	○					○	○	○	○	○						
熱線反射板ガラス						○										○			○			
熱線吸収板ガラス			○			○					○					○			○			
網入型板ガラス	○					○			○	○								○			○	
網入磨き板ガラス						○	○		○	○					○	○	○	○				
複層ガラス						○										○			○			○
強化ガラス				○		○			○	○	○	○	○	○		○	○					
合わせガラス									○	○	○	○	○	○	○	○	○					
溝型ガラス	○					○										○						
ガラスブロック	○			○	○															○		

（注）○印は適している

38 ガラスの種類

1 普通板ガラス

① 普通板ガラスの種類

普通板ガラスは**透明板ガラス**と**すり板ガラス**に分類される．ガラス素地を機械で引き上げながら連続的に裁断して，任意の形に成型する方式（フルコール式）で製造される．

すり板ガラスは透明板ガラスの片面に砂を吹き付けるか，こすり付けて表面に細かい傷をつくり，つや消し仕上げでつくられる．

② 普通板ガラスの厚さ

一般に厚さが 3 mm（正一分）までを薄板，5 mm 以上のものを厚板と分類する．厚板には 10 mm を超えるものもある．

③ ガラスの等級

普通板ガラスの等級は気泡（ぶく），ひび，すじ（しま模様のむら），異物の有無などの欠点を見て，よいものから特 A 級，A 級，B 級などの順に区分されている．

2 磨き板ガラス

表面を平滑に磨き上げた板ガラスのことで，ガラス独特の美しい光沢がある．製造方法にフロート式と磨き式がある．

フロート式は原料を高温度で熱して液状とし，これを溶かしたスズの上にゆっくりと伸ばし，表面張力によって広がることで大型のガラスを大量生産するものである．

厚さはガラスの流入速度によって調整し，大きさは最大で 3 m×10 m 程度のものが可能であり，商業建築のショーウィンドーなどで使用されている．大型ガラスの普及により，空間の連続性と明るく透明感のある雰囲気をつくるが，地震などによって建築物が変形するような場合に対処が必要である．

磨き式はケイ砂，金剛砂で粗磨きした後にベンガラなどで仕上げを行い，つやを出したものである．どちらの方式でも価格は高く，高級な仕上材といえる．

3 型板ガラス

型板ガラスは普通板ガラスの表面に型模様を付けたもので，ロール法により製造される．型模様には，しま，型地，かすみ，このは，石目など多種類がある．厚さ 2.2 mm のものを薄型，4 mm 以上を厚板という．

4 網入板ガラス

網入板ガラスは防火・防犯用に直径 0.4 mm 以上の金網をガラスの間に入れたものである．厚さは 6.8 mm と 10 mm の 2 種類で，金網の形状は格子状，ひし形，きっ甲状のものなどがあるが，**破損してもガラスが飛び散らない**点が長所である．3〜10 cm 間隔で縦じま状にワイヤが入っているものもあるが，強度の点では著しい向上がないので注意する．

5 合わせガラス

安全ガラスともいわれ，2 枚の板ガラスの間に**人工樹脂膜をはさみ込み**，はり合わせたものである．厚さ 3 mm の板ガラスを使用して 6.3 mm 厚となったものが一般的である．破損したときにガラスの破片が飛び散らない利点がある．また，合わせるガラスの片方にプレストレスを与え，たわみ度の大きいガラスも製造可能で，自動車にも使用されている．

6 強化ガラス（テンパライト）

強化ガラスは板ガラスを 600℃以上の軟化点近くまで加熱した後に，表面に冷気を吹き付け，急速に温度を下げて製造する．強度は 3〜5 倍になり，破壊時に小片となるため，破壊しても負傷することが少ない．ただし，製造時の急激な温度変化によってひずみを生じているので，**成型後の切断や加工ができない**．厚さは 5〜12 mm が多い．

7 Low-E ガラス（Low Emissivity）

ガラス表面に酸化スズまたは酸化銀の金属膜をコーティング処理したもので，断熱性に優れ，主に**複層ガラス**に使用される．

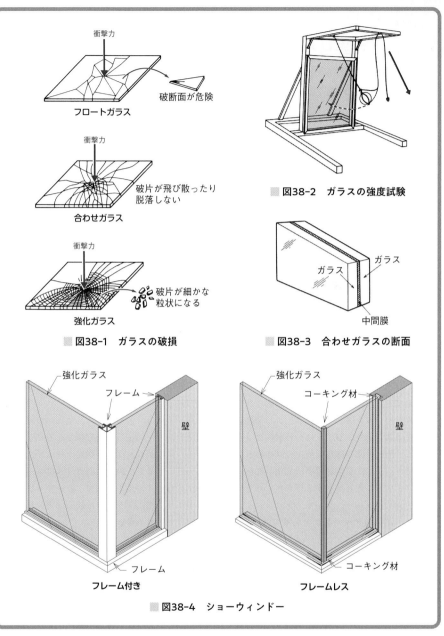

図38-2　ガラスの強度試験

図38-1　ガラスの破損

図38-3　合わせガラスの断面

図38-4　ショーウィンドー

フロートガラス
衝撃力
破断面が危険

合わせガラス
衝撃力
破片が飛び散ったり脱落しない

強化ガラス
衝撃力
破片が細かな粒状になる

ガラス
ガラス
中間膜

フレーム付き
強化ガラス
フレーム
壁
フレーム

フレームレス
強化ガラス
コーキング材
壁
コーキング材

確認問題　次の問題のうち，正しいものには○，誤りのものには×で答えよ.　　　　　解答は165ページ➡

☐☐① フロート板ガラスは大量生産ができ，表面が平滑で，採光性，透明性にも優れている.

☐☐② 網入り板ガラスは，板ガラスの中に金属網を封入したガラスで，熱に強く割れないため，防火戸等に使用される.

☐☐③ 倍強度ガラスは，フロート板ガラスの2倍以上の耐風圧強度を持つ加工ガラスで，切断も容易である.

39 各種のガラス

近代建築以降に，鉄とコンクリートによる建築構造の進歩により，開口部を拡大させることで開放感と軽快感，空間の連続性などを演出することが可能となった．この開口部にガラスを加えることで，風雨を避けて明るく，伸びやかな室内空間をつくることができた．しかし，ガラスは熱や音を伝えやすい材料で，室内外の温度差や騒音に対する配慮が必要となった．また，ガラスの透視性は開放感を生む一方で，逆に外部から建築内部を見られてしまうというプライバシーの問題も生じた．

ガラスの多用に伴う諸問題を解決するために，製造時に加工を加えたり，複層とすることで欠点を補うものが開発された．

1 熱線吸収ガラス

普通板ガラスに微量の金属酸化物（ニッケル，コバルト，鉄）を加えると，可視光線は通過するが，熱線（赤外線）は透過させない性質を持つガラスが生まれる．これを**熱線吸収ガラス**という．このため，日射による熱量を下げて，夏季の冷房負荷を軽減させることができ，かつ，日射透過率は変化しないのでオフィスビルなどに適するガラスである．

色調にはブルー，グレイ，ブロンズなどがあり，建築のデザインに合わせて選ばれる．一般に，ブルーペンとも呼ばれている．

ガラスに吸収された熱はガラス両面に出るが，通常は室外側に多く流れる．これは外気に面する室外側が風を受けているため，室内側よりも冷えやすいからである．このため，相対的に室内側の冷房負荷が軽くなるわけである．しかし，室内側にいる人も熱を多少は受けるので，冷房している部屋でも暑く感じる場合がある．これはカーテン，ブラインドを使うことで防止することができる（実際には室内全体の冷房負荷は減少している）．

熱線吸収ガラスを使用した場合は部屋全体にサングラスを掛けた状態と似ているので，部屋全体が落ち着いた印象となる．

しかし，ガラスに吸収した熱が原因で応力の集中が起こり，ガラスが割れるという事故が頻繁に起きた．同様のことは網入ガラスでも起こり，調査の結果，1枚のガラス面の中で外周部と中央部との間に大きな温度差のある場合に事故が起きるようであった．そこで，大きな温度差をつけないようにすることが，ガラスの割れ防止になると考えられる．

2 熱線反射ガラス

熱線反射ガラスはガラス表面に金属酸化物の薄膜をコーティングし，熱線反射性を持たせたものである．暗いほうから明るいほうを見たときには透明に見えるが，反対に明るい側から見ると，鏡と同じように像が映って見える鏡面効果がある．一般に**ハーフミラー**と呼ばれる．

熱線吸収ガラスと同様に，室内への熱線の流入を防ぎ，冷房負荷を軽減させることができる．反射膜は片面と両面にコーティングする方法があるが，熱線吸収ガラスにコーティングするとその効果が増す．ハーフミラーを外壁に用いて，デザインに鏡面効果をねらったビルの設計も多い．

熱線反射ガラスは反射性能を維持するため，施工時の傷防止，メンテナンスに注意する．

3 複層ガラス

複層ガラスは2枚のガラスの間にスペーサを用いて一定間隔を保つようにし，乾燥空気を封入したもので，空気層により熱の遮断を図るものである．外壁の内側と外側の温度差によって生じる熱の移動（貫入）を防止する目的で，主に暖房負荷を軽減させる．

また，**断熱効果がよい**ので，結露しにくい点が優れている．製造後の切断はできない．

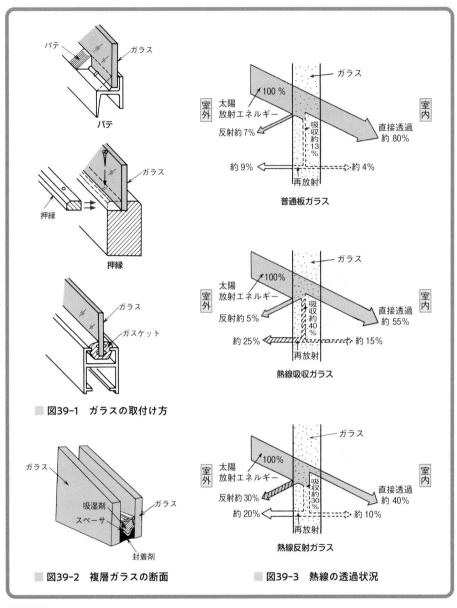

図39-1　ガラスの取付け方

図39-2　複層ガラスの断面

図39-3　熱線の透過状況

確認問題　次の問題のうち，正しいものには○，誤りのものには×で答えよ.　　　　解答は 165 ページ➡

□□① 合わせガラスは，2 枚の板ガラスをスペーサーで一定の間隔に保ち，乾燥空気を封入したガラスで，断熱効果が高い.

□□② 熱線反射ガラスは，表面に反射率の高い金属酸化膜をコーティングしたガラスで，冷房負荷の軽減になる.

□□③ Low-E 複層ガラスは，2 枚の板ガラスの片方の中空層側に，特殊金属膜をコーティングしたガラスで，「断熱タイプ」と「遮熱タイプ」がある.

40 ガラス ガラス製品とチェックポイント

1 ガラスブロック

① ガラスブロックの特徴

ガラスブロックは成型ガラス2枚の間に空気層を設け，加熱溶融して密着させたもので，内部は約0.3気圧の真空に近い状態である．玄関や浴室などプライバシーへ配慮しながら採光が必要な場合によく使用される．

その特徴は以下のようである．

- ガラスの種類により，光の透過状態を制御できる．
- 内部空気層により優れた**断熱性**を有する．
- 鉄筋を配して壁体をつくることができ，曲面の壁も可能である．
- 遮音性が高く，結露しにくい．

② ガラスブロックの施工法

ガラスブロックは他のブロック材と同様に鉄筋を縦，横方向に適正に配し，モルタルで付け合わせる．

- **エキスパンション**または支柱を4〜6mおきに設ける（風圧・振動に対して）．
- 曲面部では中心部および端部に安全のためエキスパンションが必要となる．
- 開口部は600mm角以内を原則とする．

2 トップライト

外部の光を効果的に建築空間へ利用しようとして屋根面に設ける**天窓**のことで，住宅をはじめ各種の建築に多く使用されている．

① 使用材料

- ガラスブロック，ガラスかわら
- アクリル樹脂成形板

② トップライトの特徴

- 自然光を取り入れ，開放感のある空間をつくることができる．
- 壁からの採光が不十分な場合に，日照を補うことができる．
- 一般に接合部の防水に注意する．
- メンテナンス，清掃に工夫が必要である．

3 グラスウール

ガラス製品には板状のものとは別に，細い繊維状（ガラス綿）のものがある．一般に**グラスウール**と呼ばれ，**断熱材・吸音材**として壁，床下地などの内部に組み入れて，建築の省エネルギーを図ることが期待されている．

4 ガラスのチェックポイント

① 熱線吸収ガラスの熱割れ

太陽光の熱線を吸収したガラスが**熱応力**によって割れることへの解決策をあげる．

- サッシとガラスの断熱を十分にする．
- 水密性を保持する．
- 放熱性を高めるためにカーテン，ブラインドをガラス面から離すことで，空気の流れをよくし，冷却効果を得る．
- 冷暖房の吹出しを直接ガラスに当てない．
- ガラス表面に紙やシールをはると，その部分に応力が集中しやすいので，はがす．

② 一般的なチェックポイント

以下にガラスのチェックポイントを述べる．

- ガラスとサッシの組合せは適切か．
- **省エネルギー基準（PAL）**に適するか．
- 耐風圧強度はあるか．
- ガラスの性質と使用部位が適切であるか．
- メンテナンスは容易にできるか．
- ガラスが破損した場合はすぐに交換，または補修できるか．
- **熱割れ**，**結露**は起きないか．
- 工事現場ではガラスに養生する．
- ガラスによる事故は，転倒およびガラスの存在に気づかずに起こる場合が危険である．とくに0〜5歳の幼児では成人の10倍以上の確率で事故を起こしやすい．
- 建築部位別では，玄関，浴室の板ガラス，居間，寝室のテラス戸の下半分がガラスの場合に事故が多く，注意が必要である．

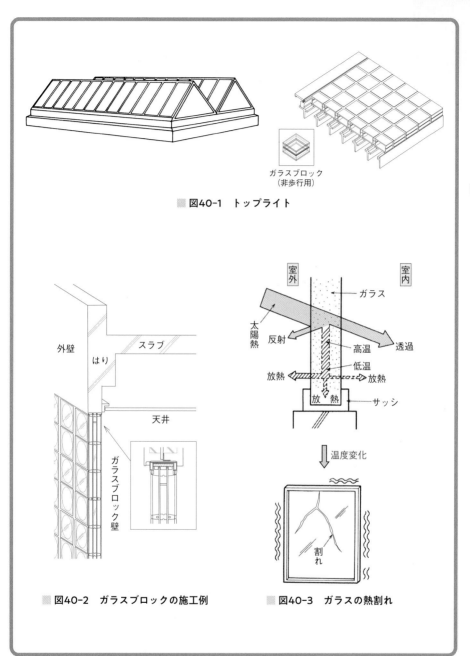

■ 図40-1　トップライト

ガラスブロック
（非歩行用）

■ 図40-2　ガラスブロックの施工例

■ 図40-3　ガラスの熱割れ

確認問題　次の問題のうち，正しいものには○，誤りのものには×で答えよ．　　　解答は165ページ➡

□□① ガラスブロックは，断熱性能は高いが，遮音性は低い．

□□② ガラスブロック壁は，デザイン性に優れ，インテリアとしての役割も果たすが，地震や風圧には弱い．

□□③ グラスウールは，ガラス繊維でできた綿状の不燃の素材で，断熱材や吸音材として多く使われている．

41 セメントかわら・スレート

1 セメントかわら

セメントかわらは製法が簡単で価格が安く，入手しやすい屋根材である．

また，軽量で着色が自由であるが，耐久性に劣り割れやすく，比較的軽いために**風害**を受けやすいなどの欠点があげられる．

① 材料

主原料のセメントは次のものを使用する．

・高炉セメント，シリカセメント
・ポルトランドセメント

骨材は硬質細骨材を使用し，以下に注意．

・適度な粒度，最大粒形は 5 mm 程度．
・清浄，強硬，耐久的であること．
・ゴミ，泥，有機物を有害的に含まない．

セメントと細骨材の調合比は，質量比でセメント 25% に対し細骨材を 75% とする．

② 製法

(1) 材料のモルタルを型に詰め成型する．
(2) 表面は，1 枚ずつセメント（50 g 程度）をふりかけ平滑に仕上げる．
(3) 成型後，湿潤状態を保ち養生をする．
(4) 養生の完了後，7 日以上経過したものを出荷する．

2 厚型スレート

現在は，セメントかわらとほぼ同じ材料が用いられている．過去にはモルタルに少量の石綿を混合してつくった時期があるため，この名称が残った．セメントかわらと比較して，吸水率が低く，強度的に優れている．

形状に平形，S 形，和形などがある．

① 材料

主原料であるセメントの種類はセメントかわらとほとんど変わらないが，早強ポルトランド，フライアッシュなども用いられる．

骨材についての注意事項はセメントかわらとほとんど変わらない．調合比については，重量比でセメント 34%，細骨材 66% とする．

② 製法

製法についてもセメントかわらとほとんど変わらないが，厚型スレートはセメントかわらより養生期間が長く，10 日間ほどである．

3 天然スレート

天然スレートの主原料は，天然に産出する**粘板岩**を使用する．特徴は以下のようである．

・表面は渋い光沢がある．
・吸水性が低い．
・耐火性はあるが，耐久性は低い．
・粘板岩が薄くはく離する性質を利用して，一定の厚さと形に加工したものである．

4 薄型化粧スレート

現在の薄型化粧スレートはセメント，ケイ酸質原料，石綿（アスベスト）以外の繊維，混和材料などを主原料に加圧成形した屋根材である．塗料の塗り替えを定期的に行う必要があり，破損，雨漏りを生じる恐れがある．

〈種類と特徴〉

・軽量で，現場施工が容易，価格が安い．
・不燃性，耐候性，耐アルカリ性に富む．
・着色，吹付け，焼付け塗装の加工が可能．
・形状により，平板と波板の 2 種類がある．

5 石綿スレート（カラーベスト）

過去に石綿スレートは**石綿（アスベスト）**とポルトランドセメントを混合して型に入れ，加圧成形して固めたアスベスト形成版である．表面に着色塗装したものをカラーベストと呼び一般に普及したが人体への危険性が問題となり，現在は使用されていない．

安価で不燃性，耐候性があるため屋根材の原料として広く使用されたアスベストであるが，**発ガン性**があり，吹付け材としての使用は禁止されている．かわらの場合は解体時に人間が吸い込む危険性があり，ガラス繊維などへの代替が進んでいる．

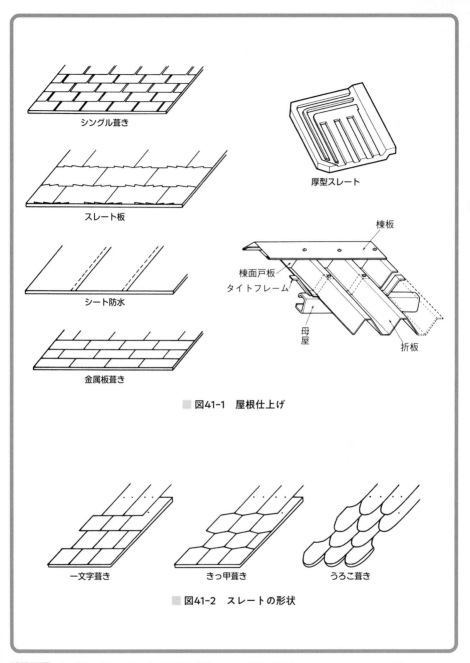

シングル葺き

厚型スレート

スレート板

棟板

棟面戸板

タイトフレーム

シート防水

母屋

折板

金属板葺き

■ 図41-1　屋根仕上げ

一文字葺き　　　　きっ甲葺き　　　　うろこ葺き

■ 図41-2　スレートの形状

確認問題　次の問題のうち，正しいものには〇，誤りのものには✕で答えよ.　　　解答は 165 ページ➡

□□① 住宅屋根用化粧スレートは，セメントを原料としているため重く，耐震性が低い.

□□② 天然スレート（粘板岩）は，層状に割裂しやすいため，屋根材などに用いられる.

□□③ カラーベストは陶器瓦に比べ軽量で，耐震性の高い屋根材である.

建築物の屋根面の傾きを**こう配（勾配）**といい，金属板を使用した場合には緩いこう配が可能である．長尺金属板の**かわら棒葺き**では，1/10～1.5/10 程度の屋根こう配も可能である．ただし，屋根面に凸凹があり，雨水がたまるような状態が続くと錆の発生を招き，耐久性が低下するので注意が必要である．

1 亜鉛鉄板

亜鉛を薄い鋼板の両面に溶着加工したもので，一般にはトタン板と呼ばれる．形状には平板，コイル板，波板などがあるが，波板の場合には波の間隔により 1 号（大波）と 2 号（小波）に分類されている．

・軽量で加工が容易である．
・不燃性があり，安価で入手しやすい．
・耐酸性，耐アルカリ性が低い．
・雨音がうるさい．
・熱伝導がよく，下地に断熱措置が必要．

2 着色亜鉛鉄板（カラー鉄板）

亜鉛鉄板の表面を合成樹脂塗料で加工したもので，一般に**カラー鉄板**と呼ばれる．合成樹脂の被膜により，亜鉛鉄板と比較して耐久性，耐薬品性の点で優れている．規格は JIS により定められているが，色は多種類ある．施工時に表面塗装を傷つけやすいため，無理な折曲げ加工をしないように注意する．

3 ガルバリウム鋼板

アルミニウム（55%），亜鉛（43.4%），シリコン（1.6%）の**合金めっき**鋼板である．（めっき質量比）軽量で耐久性，耐熱性に優れ，屋根・外壁に使用されている．

4 鋼製屋根用折板

折板は鋼板をロール成型したもので，体育館や工場の屋根など広範囲に使用される．

① 長所

・断面形状が U 型，V 型をしており，かわら棒葺きよりも力学的に強い．

・スパンを広くとることができ，大空間の屋根材に適している．
・長尺で防水性が高く，経済的である．

② 短所

・鋼板の肉厚が薄く，歩行用屋根には適していない．
・金属板は一般的に雨音がうるさく，熱を伝えやすいので断熱措置を必要とする．

5 デッキプレート

デッキプレートは鋼板を冷間加工し，断面を山形の連続としたもので，一般に鉄骨造の**床下地材**として使用されるが，屋根材として用いる場合もある．鋼板は耐火性に欠けるため，軽量コンクリートなどを打ち込み，コンクリートスラブと同様に扱う．板厚さ 1.3 mm 以下で山が低くて数が多いものをキーストンプレートという．

6 とい（樋）

といは屋根面に受けた雨水を排出するために設けるもので，日本の高温多雨な気候では欠かせないものである．硬質塩化ビニル，着色亜鉛鉄板，鋼板などが使われる．

といは取付け場所と形により分類される．

a. **軒どい**：軒先に取り付けた，半円形または角形断面の水平方向のといで，屋根面からの雨水を受ける．

b. **竪どい**：軒どいから流れてくる雨水を垂直方向に地上へ導くもので，建築物の隅部に**つかみ金物**で留め付ける．

c. **呼びどい**：軒どいと竪どいをつなぐもので，**集水ます**（あんこう）とも呼ばれる．金属製のものは角形の場合が多い．

d. **谷どい**：屋根の谷部に設けるといで，金属板を加工して使用する．

e. **とい受金物**：軒どい受金物と竪どいつかみ金物があり，鉄部は亜鉛めっき処理とする．

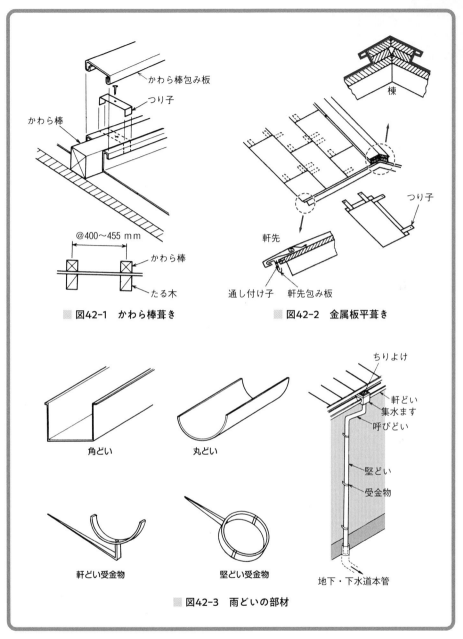

図42-1　かわら棒葺き

図42-2　金属板平葺き

図42-3　雨どいの部材

確認問題　次の問題のうち，正しいものには〇，誤りのものには×で答えよ.

解答は 165 ページ➡

☐☐① 溶融亜鉛アルミニウム合金めっき鋼板は，溶融亜鉛めっき鋼板に比べ，耐久性に優れる.

☐☐② ステンレスシートは耐久性や耐凍害性が高く，屋根や庇の防水工事に用いられる.

☐☐③ ガルバリウム鋼板とはステンレス・亜鉛合金めっき鋼板の名称であり，亜鉛めっき鋼板と比べて耐久性に優れている.

43 壁下地材

1 セッコウボード（石膏ボード）

セッコウボードは主原料のセッコウを約200℃で焼成し、パーライトなどを混入して水で練り、これを芯材に、両面を厚いボード用厚紙ではさみ、板状に成型したものである。

よく乾燥させた後に形状を整え、表面に仕上げ加工を施して製品とする。一般に、壁や天井の下地材、仕上材として使用される。

① 長所

・**防火性、遮音性**に優れている。

・加工が容易で、現場での作業性がよい。

・油性塗料仕上げができ、安価である。

② 短所

・衝撃に弱く、くぎ、ねじが効かない。

・**吸水性**があり、水がかかると耐久性が落ちるので使用部位に注意する。

法定防火材料として広く普及しているが、代表的なものを以下に述べる。

③ セッコウボードの種類

a. 平セッコウボード：一般に下地用に使用されるセッコウボードで、厚さ9 mm、12 mm、15 mmのものがある。灰色、クリーム色の紙で表面加工されている。

b. 化粧セッコウボード：セッコウボードの表面に、色、柄の付いたプリント化粧紙やビニルシートをはり付けたもの。直接に壁、天井の仕上材として使用できる。施工には接着剤、カラーくぎを使用する。

c. セッコウ吸音ボード：表面に吸音用の穴をあけたもので、事務所、学校、集合住宅などの天井用に使用される。

d. セッコウラスボード：セッコウボードの表層部に半貫通のへこみを付けて、塗り壁下地として、材料間のなじみを良化させたものである。ボードの収縮が少なく、亀裂が生じにくい。内壁の仕上げでは工期短縮の利点がある。

2 セメント板

加工性のよさとセメントの防火性を合わせたもので、下地用と化粧を施した仕上げ用のものがある。原料により木質セメント板と繊維強化セメント板に大別される。

・防火性、断熱性がある。

・加工性がよく、腐食しにくい。

・工期短縮が図れ、安価である。

① 木質セメント板

主に下地材に使用される。木毛セメント板と木片セメント板がある。

a. 木毛セメント板：幅3.5 mm、厚さ0.3 mm程度の毛状木材とポルトランドセメントを重量比で45：55程度で混合し、ボード状に圧縮成型したものである。湿った状態で1日養生させ、乾燥する。

b. 木片セメント板：木材の削りくずを付着力を増すために薬品修理した後に、セメントと練り混ぜ、圧縮成型したもの。

② 繊維強化セメント板

繊維強化セメント板は、石綿（アスベスト）以外の繊維で強化成形した製品の総称である。組成によりスレート（波板およびボード）、ケイ酸カルシウム板、スラグセッコウ板がある。

a. スレート（波板およびボード）：セメント、繊維、混和材料を主原料にしたもので、波板は主に屋根用および外壁用、ボードは主に内装用および外装用に使用される。

b. ケイ酸カルシウム板：石灰質原料、ケイ酸質原料、繊維、混和材料を主原料にしたもので、不燃による区分で第一種と第二種に区分される。区分により内装用と耐火被覆用および不燃内装用に使用される。

c. スラグセッコウ板：スラグ、セッコウ、繊維、混和材料を主原料にしたもので、主に内装用に使用される。

表43-1　セッコウボードの種類

種類	厚さ [mm]	特長	用途
セッコウボード	9 12 15	最も一般的なもので，防火性，遮音性に優れている．防火材料として認定されている．平ボードともいう	壁・天井・間仕切の下地材
シージングセッコウボード	9 12 15	セッコウボードに防水加工したもので，軒・天井にも使用可能である	台所，洗面所などの水回り部分の下地材
セッコウ吸音ボード	9	セッコウボードに直径6～13mmの穴をあけたもので，表面に化粧加工したものもある	天井仕上げ
セッコウラスボード	9 12	左官仕上げの下地用で，亀裂防止を目的とする．工期短縮	壁下地材
化粧セッコウボード	9 12 15	セッコウボード表面にプリント模様などの加工を施したもので，プラスチック加工の特殊品もある	内装仕上材

表43-2　セメント板の種類と特徴

種類	材料	特徴
木毛セメント板	毛状木材 セメント	加工性がよい 断熱・吸音性に優れている
木片セメント板	木材の削りくず セメント	熱に強い 断熱材・吸音材・屋根下地材
フレキシブル板	セメント 繊維，混和材	強度がある 内・外装材に使用
ケイ酸カルシウム板	セメント，繊維，混和材，ケイ酸カルシウム混入	軽く，加工性がよい 吸水率が大きく施工場所に注意

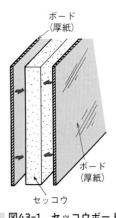

図43-1　セッコウボード

確認問題　次の問題のうち，正しいものには○，誤りのものには×で答えよ.　解答は165ページ➡

□□① セッコウボードは，セッコウ内の結晶水が火災時に熱分解して水蒸気になることで，温度上昇を防ぐため，防火性に優れる.

□□② シージングセッコウボードは，両面のボード用原紙とセッコウに防水処理をしたものである.

□□③ ケイ酸カルシウム板は，軽量で耐火性・耐水性に優れており，外壁や浴室などの湿潤状態の場所で使われる.

44 繊維板・パーティクルボード

1 繊維板

繊維板は木材，わらなどの植物繊維物質や廃パルプ材，紙を主原料としている．

これらの原料をよく混ぜ合わせ泥状にした後，接着剤などを加えて加圧成型したものである．原料の種類や比重，強さなどによって以下の3種類に分類される．

① 軟質繊維板（インシュレーションボード）

軟質繊維板は木材など草木の繊維を主原料としている．これらを，よくからみ混ぜ合わせ，平たく成型したものである．

- ・重量が比較的軽い．
- ・吸音性，断熱性に優れている．
- ・表面加工がしやすい．

一方では吸水性が大きいため，湿気の多い場所では軟化しやすいなどの欠点がある．

主に壁下地，天井材などに使用される．

② 中質繊維板（半硬質繊維板＝MDF）

中質繊維板は木材の繊維を主原料として，よく混ぜ合わせた後に，加熱，加圧し，成型したものである．比重の軽いものは吸音板，比重の重いものは家具材などに用いられたりする．

- ・吸音性が小さい．
- ・加工性が容易で施工性に優れる．
- ・断熱性，吸音性に優れている．
- ・外観上に割れや節などの欠点が見られない．

一方では，吸水性については小さいが，耐水性に関しては乏しいので，使用する場所を考慮する必要がある．

中質繊維板は，主に内装材，天井材，家具などに使用される．

③ 硬質繊維板（ハードボード）

硬質繊維板は木材の小片，稲わら，廃パルプなどを主原料とする．これらを煮詰めて，繊維のみを取り出し，よく練り混ぜ合わせて耐水剤などを添加したものを加熱，加圧し，成型したものである．

特徴は以下のようである．

- ・**資源の再利用**を図ることができる．
- ・材質が均一で全方向に均一な強度を持つ．
- ・割れ，裂けなどが比較的少ない．
- ・耐腐朽性，耐摩耗性が高い．
- ・加工が容易で施工性に優れる．
- ・価格が安い．

また，硬質繊維板の表面に着色や模様など化粧を施した化粧繊維板も製造されている．主に内装材，天井材に使用され，化粧繊維板は耐久性を高めて，住宅などの外装材としても使用されている．

2 パーティクルボード

パーティクルボードは木材の木片を主原料としている．これに合成樹脂系接着剤を用いて，加熱し成型したものである．主に床材，家具，建具などに使用されている．

特徴は以下のようである．

- ・表面が平らで，硬度が高い．
- ・切断，加工が容易で表面化粧性が高い．
- ・方向による強度差が少ないため，品質に一定の安定性がある．
- ・厚い板ほど遮音・断熱性が高い．
- ・耐水性，耐摩耗性に優れている．

3 ボード類の接着剤

耐水性については，使用されている接着剤により異なる．そのため，使用する場所により，耐水性のよい順に接着剤のタイプを使い分ける必要がある．

ボード類の製造に使用される接着剤には，人体に有害なホルマリンやVOC（トルエン，キシレン他）などのものが含まれていると，アレルギー症状を起こし，シックハウス（後述）の原因となるので，注意が必要である．

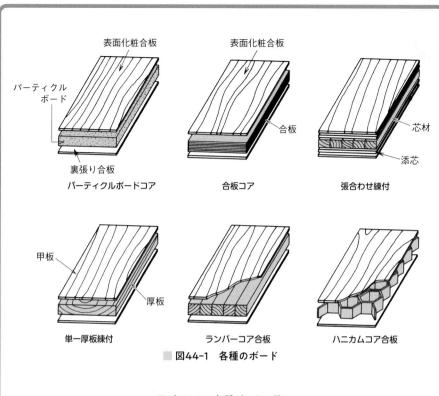

表面化粧合板

パーティクルボード

裏張り合板

パーティクルボードコア

表面化粧合板

合板

合板コア

芯材

添芯

張合わせ練付

甲板

厚板

単一厚板練付

ランバーコア合板

ハニカムコア合板

■ 図44-1　各種のボード

■ 表44-1　各種ボード一覧

	分類	主原料	特長	用途
繊維板	軟質繊維板（インシュレーションボード）	草木の繊維	軽量で断熱性に優れる 加工しやすい	床，壁下地，畳床，壁，天井仕上げ
	中質繊維板（MDF：半硬質）	木材繊維	割れ，節などがない 調湿性に優れる	内装，天井下地仕上げ
	硬質繊維板（ハードボード）	木材の小片 稲わら	材質が均一 平滑で硬い	内外壁下地，家具
パーティクルボード		木材の木片	切断，加工が容易 耐水性，耐摩耗性がある	家具，ドア，内壁，屋根下地

確認問題　次の問題のうち，正しいものには○，誤りのものには×で答えよ.　　解答は 165 ページ➡

□□ ① 繊維板は，日本産業規格（JIS）によりインシュレーションボード，MDF，ハードボードに分類されている.

□□ ② パーティクルボードは，木材などの小片を接着剤で加熱圧縮成形した板材で，断熱性・吸音性に優れる.

□□ ③ 単板積層材は，単板の繊維方向を互いに直角にして，積層接着したものである.

45 左官の歴史

1 左官の起源

古代の人々は住居の壁に，最も身近にあり，豊富な量が入手できる「土」を使用したと考えられ，これが左官工事の始まりである．

そして，土が乾燥によりひび割れることを防止するために**すさ**を混入した．左官材料には，壁や天井など空間の形に応じて，自由度が高く，よく伸びて作業性がよいことが求められる．このような性質を持つものは土だけでなく，地域によって気候，風土が異なるように，数種類の材料が左官工事に使用されてきた．

2 ヨーロッパの左官の歴史

エジプトでは土以外の左官材料として古くから使用されたものに**セッコウプラスター**がある．セッコウプラスターは中近東で豊富に産出されるセッコウ原石を低温度で焼成して粉末状にしたものである．ピラミッドは石の積上げが終了すると，表面仕上げにセッコウプラスターを使用したとされるが，建設中にも石を所定の位置へ置くための潤滑材として使用したようである．

また，外部だけでなく，ピラミッドの内部や神殿内部の壁の下地に大量に使用された．セッコウプラスターには無収縮の利点がある反面，硬化が早く，施工しにくい性質もある．

メソポタミアでは瀝青（ビチューメン）が焼成れんが積上げの際に使用されているが，色調が仕上げとしてはまずく，熱に弱いことから使用されなくなった．

ペルシアでは盛んにセッコウが使用され，アルハンブラの宮殿に残る**スタッコ**と呼ばれる精密な装飾は素晴らしいものがある．

古代ローマ時代には，高温で加工する技術が発達し，石灰を1000℃程度で焼成したものを古代のコンクリートに使用した．しかし，石灰系材料が発達するのは，18世紀以降にポルトランドセメントの工場量産化がなされてからである．

3 日本の左官の歴史

日本の木構造はヨーロッパの組積造と異なり，柱とはりの骨組みで荷重を負担し，壁は石造のように荷重を伝える役割をしないので，窓の大きさに自由があり，デザインを優先させて仕上げを行うことができた．

奈良時代には，大陸からの影響で左官の技術も発達し，朝廷に「土工司（つちのたくみのつかさ）」が設置され，左官工事を管理していた．

日本最古の現存する木造建築物である法隆寺には壁画や土壁が残っており，下塗り，中塗り，上塗りの順で最後に白土塗りを施しているが，わら，麻，紙をすさとして使用し，当時の技術水準の高さがうかがえる．この技術が長期間の保存に耐えた一因と考えられる．

平安時代に入ると，白土から石灰に移行するが，一般の建築にはまだ使用されておらず，荒壁と同じような仕上げであり，白土などは高級品であった．これは上塗りに使う「のり」が米からつくられ，当時としてはコストが高かったからであろう．

安土・桃山時代になると，築城の際に大量の左官工事を行うために，改良が加えられ，「のり」の原料に海草を用いるようになり，左官工事に**しっくい**が現れる．このため，その後に白色上塗りが一般建築にも登場した．また，茶室建築が生まれ，上塗りに土物砂壁が使われ，上塗りに色が付くようになった．

江戸時代には，たびたび大火事が起こり，大きな都市問題となったので，防火的な配慮から左官工事が推奨され，**蔵造り**など構造や左官工事に質的な向上が見られるようになった．

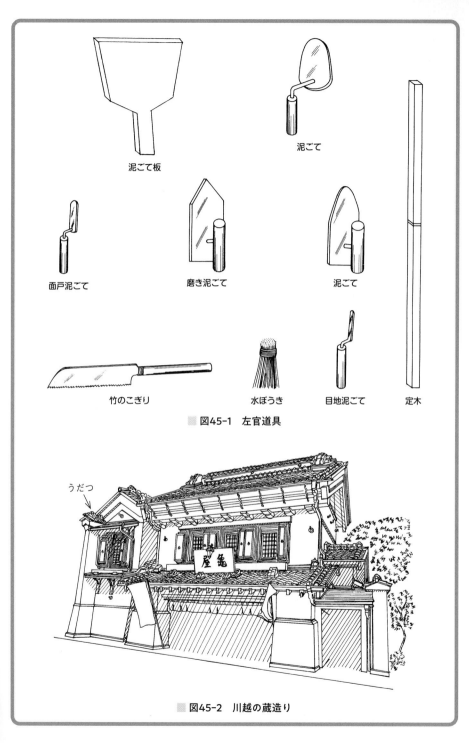

泥ごて板

泥ごて

面戸泥ごて

磨き泥ごて

泥ごて

竹のこぎり

水ぼうき

目地泥ごて

定木

図45-1　左官道具

うだつ

亀屋

図45-2　川越の蔵造り

46 モルタル塗

1 セメントモルタル塗

モルタル塗は，セメントと砂を混合し，水を加えてよく練り上げたものを使用する．

特徴は以下のようである．

- ・塗り面が強く，耐候性，耐摩耗性に優れている．
- ・着色が自由である．
- ・安価であるため，仕上材として広く使われている．
- ・混和剤を使用することにより，特殊な性能を発揮する．防水性能を向上させるために防水剤を混入してつくられる防水モルタルなどが代表的である．

① 材料

主原料はセメントである．セメントの種類は一般的に普通ポルトランドセメント（JIS R 5212 の規定に合格するもの）が多く用いられる．また，低温時や特殊な場所などで使用する場合は，適合する種類のセメントを選ぶ必要がある．

② 骨材

セメントの 2～3 倍の容積の川砂を使用する．現在，川砂は非常に入手が困難になっている．そのため海砂，山砂なども使用されるが，それぞれ塩分，泥分，不純物の含有量に十分注意しなければならない．

砂の粒度については以下のようである．

- ・強度を大きくするためには，粒度の大きい砂を用いることがある．
- ・粒度の大きな砂のみでは，仕上り面のざらつき，割れの原因になるため，適度な粒度の細かい砂を混ぜることも必要である．
- ・粒度の細かい砂を混ぜることによって，セメントペーストの流動性が増して施工部位の隅まで十分に行きわたることになり，同時に粘性が高まることで塗りやすくなる．

③ 調合

セメントモルタルは，セメントと砂の混合比率によって性質にかなりの影響がある．

セメントの割合が多いものを**富調合**といい，少ないものを**貧調合**という．

- **a. 富調合**：表面の仕上りが滑らかで，塗りやすい．吸水性が高く，温度変化による膨張，収縮および凍害が起こりやすい．
- **b. 貧調合**：骨材の比率が高くなるので，表面の仕上りにざらつきがあり，塗りにくい．そのため，混和剤を混合することにより，作業性がよくなるように配慮する．

また，使用する水は鉄分，イオウ分，塩分などの不純物を含まないものが必要である．それらを含むと着色したり，凝結速度が安定せず，品質に悪影響が生じる場合がある．

④ 混和剤・混和材料の種類

混和材には軽量骨材，バーミキュライト，パーライト，消石灰，顔料などがあげられ，混和剤として，AE 剤，合成高分子系混和剤，減水剤，防水剤などがある．いずれも特殊な性能を発揮させる役目を持つ．

2 モルタル塗の要点

(1) モルタル塗を行う下地面の凸凹，亀裂などの補修と，汚れ付着を清掃し，作業前に水湿する．

(2) 下塗りは **2 週間以上放置してひび割れを発生させ**，著しいものを補修して表面の不陸を整えた後に中塗りを行う．

(3) セメント，砂の調合比率は 1：2～3 程度とし，上塗りになるほどセメントの量を減らす（貧調合）．

(4) 塗厚は 1 回の工程で 6 mm 程度とし，防火構造の壁では合計 20 mm 以上とする．床は排水性を考慮して，こう配（勾配）をつけて施工する．

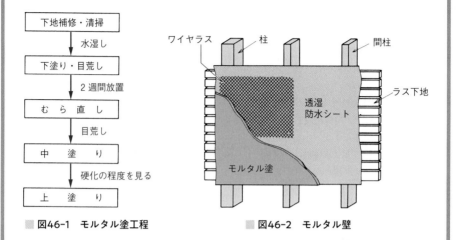

■ 図46-1　モルタル塗工程　　　　　　　■ 図46-2　モルタル壁

■ 表46-1　左官材料の種類

種類	主な材料	特徴	亀裂
モルタル塗	セメント, 砂, 混和剤	水硬性で, のり・すさは不要, セッコウボード下地には不向き	乾燥収縮により生じやすい
セッコウプラスター塗	セッコウプラスター, 砂	水硬性で, 白毛すさを混入し, 粘性を出す. 硬化が早い	乾燥収縮により生じやすい
ドロマイトプラスター塗	ドロマイトプラスター	気硬性で, 施工が容易であるが, 硬化に時間がかかる	亀裂の防止にすさ混入
しっくい塗	消石灰, 砂, 顔料	気硬性で, のり・すさを必要とする. 硬化は長時間かかる	亀裂は細かく目立ちにくい
土壁塗	荒木田土, 色土, 砂	小舞下地に, わらすさを混入する. 上塗りに色土を使用する	端部にはちりじゃくりを施す

確認問題 次の問題のうち, 正しいものには○, 誤りのものには×で答えよ.　　　　解答は 166 ページ➡

☐☐① モルタル塗は, セメントを主原料, 砂を骨材に空気と反応して固まる気硬性の材料である.

☐☐② モルタル塗に混和剤を使用することにより, 特殊な性能を発揮する.

☐☐③ セメントモルタルは, セメントと砂の混合比率によって表面の仕上りが変わる.

47 プラスター塗・しっくい塗

左官材料

1 セッコウプラスター塗

セッコウプラスター塗は，焼セッコウを主原料に使用している．

焼セッコウは硫酸カルシウム（$CaSO_4$）を170〜190℃で3〜4時間焼成して，結晶水を除いたものである．また，水を加えると水和反応を生じて固まる（**水硬性**）性質を持つ．

セッコウはかなり速い凝結性があり，作業性が悪い．そのため，3時間前後の凝結時間になるように調整する．

① 純セッコウプラスター塗

すさ，砂を混合して塗る．また，凝結時間を遅らせるように調整する．

② 混合セッコウプラスター塗

焼セッコウを粉砕したものにドロマイトプラスター，消石灰などを上塗用では1/2以上，下塗用では1/3を加えたもの．凝結遅延剤を数％以下混合し，適正な凝結時間に調節する．注意事項としては現場で砂，すさのみを混ぜるようにし，ほかの材料を混ぜて練ってはならない．

③ ボード用セッコウプラスター塗

セッコウプラスターボード用プラスターを用いるが，付着力を増加するために凝結遅延剤と石灰系以外の可塑性増加材を添加したもの．

2 ドロマイトプラスター塗

ドロマイトプラスターは，白雲石が主原料で，空気に触れると固まる性質（**気硬性**）を持つ．収縮が強く，浜すさを混入してひび割れに対処する．アルカリ性が強い．

- 粘性が高い．
- しっくいのように「のり」を必要としない．
- あらかじめ「すさ」を混入して製造され，「すさ」を必要としない便利なものもある．
- 乾燥に際しては気硬性のため，徐々に塗面が乾くように適当な換気を行う．

3 しっくい塗

しっくい塗の主原料は石灰であり，歴史的に古いだけでなく，世界中で使用されてきた．

日本では，小舞壁の仕上げ用として使用され，歴史的には平安時代にさかのぼる．

① しっくい塗の特徴

- 塗りやすく価格が安い．
- 一般に白色であるが，着色が可能である．
- 気硬性のため固まるのに時間がかかる．

しっくいは粘性が低いため，のりやすさを混ぜ合わせ，亀裂の発生を防ぐようにする．また，付着性も他の左官材料と比較して劣るなどの欠点がある．

他の左官材料と異なり，のり，すさの両方を必要とし，下地には「**下げお**」を打ち付ける．下塗り後は10日間程度放置し，作業中の通風を避ける．

② すさ

しっくいは粘性が低く，乾燥するにつれて収縮し，表面に亀裂が生じやすい．このため，わらや紙の細い繊維材料を適量に混入する．

- **a. わらすさ**：古なわ，古むしろ，古わらなどを打って軟らかくしたもの．
- **b. 浜すさ**：古い魚網漁船の網などを用いてつくるが，現在はあまり使用されない．
- **c. 白毛すさ**：マニラすさともいわれ，マニラ麻のくずをさらしてつくられる．
- **d. 紙すさ**：和紙を細かく裂き，水に長時間浸してつくられる．粘性が高く，平滑．

③ 下げお

しっくい塗，プラスター類のはく離防止のために用いられる．材料は青麻，しゅろの毛，マニラ麻などでつくり，35〜50cmくらいの長さを二つ折りにし，木ずりに打ち付ける．

④ のり

海草または，水溶性の高分子化合物などを主原料にし，しっくいに混ぜるものである．

▦ 表47-1　しっくい壁の材料

材料	種類	特性
消石灰	JISの規定に適合した左官用消石灰を使用する	気硬性，粘性が低い
骨材・水	セメントモルタル・ドロマイトプラスター塗と同様	良質で不純物を含まない
すさ	わらすさ，浜すさ，白毛すさ，紙すさ	亀裂防止のため，上塗りにさらしすさ
下げお	青麻，しゅろ，マニラ麻，長さ35～50 cm	はく離防止のため混入する
のり	つのまた，ぎんなんそう，こなつのまた，ふのり，水溶性高分子化合物	水を加えると溶けるこなつのまたが便利

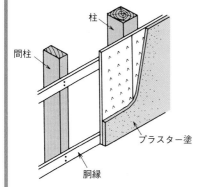

▦ 図47-1　セッコウプラスター塗

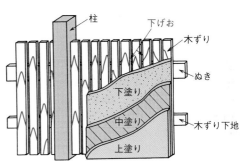

▦ 図47-2　しっくい塗（真壁）

▦ 表47-2　ドロマイトプラスターの調合 （JASSより）

仕上状況	下地	調合比（容積比）			白毛すさ[g]	塗装 [mm]	
		ドロマイトプラスター	セメント	砂		天井ひさし	壁
下塗り	コンクリート・モルタル・セメント板	1	0.2	2	600	6	6
	ALC板（壁）	1	0.2	1.5～2.0	600	—	5
むら直し中塗り	下塗り面	1	0.1	2	600	5	7.5
上塗り		ドロマイトプラスターのみ	加えない	加えない	350（さらしすさ）	1.5	1.5

確認問題　次の問題のうち，正しいものには〇，誤りのものには×で答えよ.　　解答は166ページ➡

　□□ ① セッコウプラスター塗は，焼セッコウを主原料に水と反応して固まる水硬性の材料である.

　□□ ② ドロマイトプラスター塗は，白雲石が主原料で収縮が強く，ひび割れの対処に「すさ」などを混入して使用する.

　□□ ③ しっくい塗は，主原料の消石灰に「のり」や「すさ」を混ぜ合わせたもので，水と反応して固まる水硬性の材料である.

左官材料

48 土壁（珪藻土を含む）

1 土壁（小舞壁）

日本建築の伝統的な壁のつくり方で，**小舞竹**を組み合わせた壁下地に粘性のある砂混じりの粘土を塗り付けたものである．

特徴は以下のようである．

- ・伝統的な真壁構造となるため，和風情緒のある空間を演出できるが，壁内部に筋かいを入れにくく，地震への対応が難しい面がある．
- ・下塗り，中塗りと同一の土を使用し，仕上げにいろいろな種類の土を使用する．
- ・塗厚が厚くなるため乾燥時間を要する．
- ・材料の入手が困難で，施工期間が長い．

① 材料（土）

下塗り，中塗りに使用する土は砂混じりの粘土とする．粘土は小石，ごみなどの不純物が少ないものを使用する．とくに，中塗り用の土は不純物が少ないものを用いる．土に不純物が混じったものは，仕上り面のすきまが多くなるため注意する．また粘土と砂の混合割合は，一般に 1：1 が理想である．

② わらすさ

土のみでは割れ，はく離を起こしやすい．そのため，つなぎの役目および保水性も向上させるために天然わらの**すさ**を混ぜる．

わらすさは，下塗り用（**荒壁**），中塗り用，上塗り用にそれぞれ以下のものを使用する．

- **a. 下塗り用**：わらを 3〜9 cm 程度の長さに切り使用する．
- **b. 中塗り用**：わらまたはわらなわを 2 cm 前後に切り使用する．
- **c. 上塗り用**：和紙による紙すさを使用する．一般に上塗りで上質の土塗壁に使用される．

紙すさはプラスター塗，しっくい塗などにも使用される．また，わらは古く軟らかいものを使用すると仕上りがよくなる．

2 調合と塗厚

下塗りと中塗りの土に対するすさの調合は，以下のようにする．

- **a. 下塗り用**：土 1 m^3 に対し，切りわらを 6 kg とする．
- **b. 中塗り用**：中塗り土 1 m^3，砂 0.6〜1.5 m^3 に対し，もみすさ 5〜8 kg とする．

また，土はいずれも長く温度を与えながら保存し，寝かせたものがよいとされる．古くは土にわらを混ぜ足して踏み，なじみをよくさせたものを放置し，適度な状態となったものを使用した．塗厚は一般に以下のようである．

- ・**下塗り** ：26〜30 mm
- ・**むら直し**：8〜11 mm　塗厚の合計
- ・**中塗り** ：8〜11 mm　45〜55 mm
- ・**上塗り** ：2.5 mm

3 上塗り材

上塗りに使用する土は不純物を含まない土とし，1.7 mm 目ふるいを通過した粘性の高いものがよい．色は使用する土によって決まる．たとえば，稲荷山土を用いると黄土色になり，さび土を用いると鉄さび色，浅黄土を用いると淡青緑色，**じゅらく土**を用いると栗毛色になる．

- **a. 色土**：稲荷山土は京都市伏見産の粘土質を含む色土で，荒壁から上塗りまで使われ，一般に土塗壁の代表として知られている．また，これらの土に消石灰を混ぜ合わせたものを大津壁と呼んでいる．
- **b. 珪藻土**：**珪藻土**は，珪藻（植物性プランクトン）の遺骸と泥粒子が堆積して土のようになった所から採取される．断熱性，耐火性，吸放湿性能があることから近年では左官材料として使用される．自硬性がなく，石灰，セメント，粘土，合成樹脂などを添加することで硬化させる．合成樹脂の添加により施工性はよくなるが，自然素材ではないと指摘される場合がある．

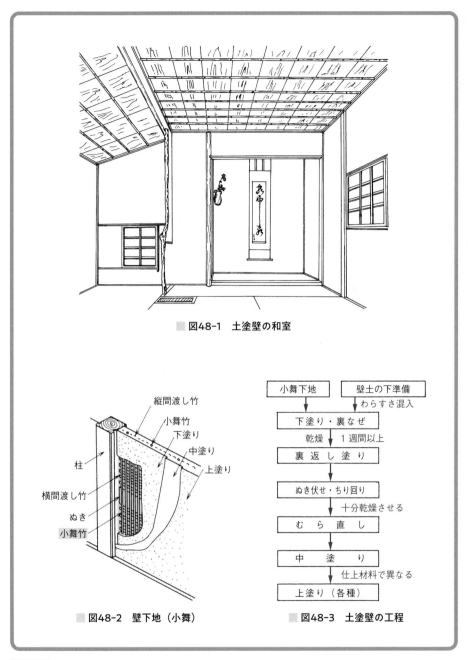

■ 図48-1　土塗壁の和室

縦間渡し竹
小舞竹
下塗り
中塗り
上塗り
柱
横間渡し竹
ぬき
小舞竹

■ 図48-2　壁下地（小舞）

小舞下地	壁土の下準備

わらすさ混入

下塗り・裏なぜ

乾燥　1週間以上

裏返し塗り

ぬき伏せ・ちり回り

十分乾燥させる

む　ら　直　し

中　　塗　　り

仕上材料で異なる

上塗り（各種）

■ 図48-3　土塗壁の工程

確認問題　次の問題のうち，正しいものには○，誤りのものには×で答えよ.　　　　解答は 166 ページ➡

☐☐① 土壁は，荒壁用，中塗り用，仕上げ用と同一の土を使用した.

☐☐② 繊維壁は，吸音性や調湿性に優れているが，他の塗り壁材より耐久性に劣る.

☐☐③ 珪藻土は，堆積物の一種で断熱性，耐火性などに優れ，左官材料として用いられる.

1 人造石塗

人造石塗とは天然石材を種石に，セメントモルタルへ混合して塗り上げたものである．一般に，混ぜた天然石が表面に露出するように仕上げる工法の総称である．

石材の種類および仕上げの方法で，以下の呼び方がある．

- ・テラゾー現場塗り
- ・リシンかき落とし仕上げ
- ・玉石植込み仕上げ
- ・大磯石洗出し仕上げ

たとえば，**テラゾー現場塗り**では，種石の粒子を粗い仕上りにしたものをテラゾー現場塗りといい，凸凹感が少なく，粒子の細かい仕上げにしたものを人造石研出しという．

① 材料

主原料として，セメント，種石，および砂，顔料などで構成される．

- a. **セメント**：使用されるセメントの種類は，普通ポルトランドセメント，白色セメント，着色セメントなどがあげられる．
- b. **種石**：品種はかなり多く，希望する仕上げの色により種類を選ぶようにする．たとえば，白竜，寒水，象牙，白鷹などの種石を用いると白色系になり，銀波，茶竜紋，多摩霞などの種石は茶色系，じゃ紋，入江谷などの種石を用いるとグリーン系に仕上がる．

② 各種の仕上げ

仕上げ方法に以下の種類がある．

- a. **洗出し仕上げ**：人造石を調合したモルタルを仕上材として使用する．はけを用いてモルタル分を洗い流し，種石を露出させる仕上げである．
- b. **小たたき仕上げ**：上塗りが十分乾燥した後で表面をたたいて荒らす方法である．びしゃん仕上げ，つつき仕上げがある．

- c. **研出し（とぎだし）仕上げ**：石を使用して磨き上げる．生乾きまたは乾燥したときに，水などをかけながら石を用いて磨き，仕上げる．
- d. **リシンかき落とし**：上塗りの表面を専用くしで引いて荒らし，粗面に仕上げる．
- e. **玉石植込み仕上げ**：モルタルの仕上げ面に大粒の玉石を埋め込む．水ばけでモルタル面を洗い，仕上げる．

2 人造石

① 人造石の用途

人造石とは一般に**テラゾーブロック**をいう．以下の部分の仕上げに使われることが多い．

- ・床，壁
- ・幅木，敷居

大理石風，みかげ石風の仕上げが主流を占めている．

② 人造石の材料と製法

主原料としてポルトランドセメント，白色ポルトランドセメントに大理石，花こう岩，じゃ紋岩を砕いて混ぜる．セメントと骨材の混合率はセメント 25%，骨材 75% となる．着色剤や混合剤を練り，普通鉄筋を縦，横方向に配筋し，ローラーなどで固めて湿潤状態で養生を行う．養生完了後，研削，研磨などを行い，つや出し仕上げをする．

3 積層石材

主材は，主に航空機の内装材に使用されているハニカムサンドイッチパネルで構成される．天然石の超薄切り板をサンドイッチ状に合体させた天然石の合板である．従来の天然石の重量感と多様な色調，模様などの高級感を損なわずに，大幅な軽量化および高強度化を実現した素材といえる．

ただし，高級感はあるが価格の点では高く，これからの需要が期待される材料であるといえる．

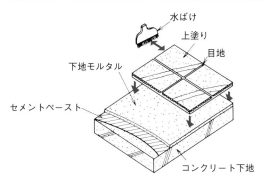

図49-1 人造石研出し

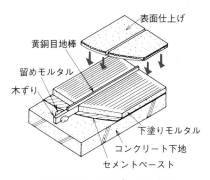

図49-2 テラゾー現場塗り

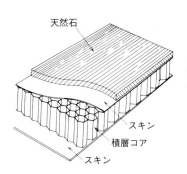

図49-3 積層石材

表49-1 人造石塗

仕上	方法	石の種類
研出し	下地モルタルの上に種石を入れたモルタル（5 mm 以下の砕石粒，顔料，セメントを練り混ぜたもの）を塗り，硬化時を見て表面を研磨して仕上げる	みかげ石・じゃ紋岩・大理石・小砂利
テラゾー	金網を入れたモルタルを下塗りし，くし引き後に種石を入れたモルタル（12 mm 以下の砕石粒，顔料，白色セメントを練り混ぜたもの）を塗り，硬化時を見て表面を研磨して仕上げる	大理石・じゃ紋岩・赤間石
洗出したたき	コンクリートが完全に硬化しない時期にワイヤブラシ，水を用いて表面のモルタルを洗い出し，骨材を露出させて表面を仕上げる	大理石・じゃ紋岩
玉石植込み	玉石をモルタル仕上げ面に埋め込み，水ばけで洗い出す	那智石・大磯豆砂利・五色石・白玉石

確認問題 次の問題のうち，正しいものには○，誤りのものには×で答えよ. 　　　　解答は166ページ➡

□□① 人造石塗は，天然石材を種石に，セメントモルタルへ混合して塗り上げたものである.

□□② テラゾー現場塗りは，種石の粒子を細かい仕上りにしたものである.

□□③ 人造石を一般にテラゾーブロックといい，内装材として床，壁の仕上げに使用される.

家の中で快適に生活するためには，夏には遮光・通風・除湿・冷房などの方法で，冬には採光・気密・加湿・暖房などの方法により温度や湿度を調整する必要がある．

しかし，全世界的な省エネルギーに対する考え方から，電気や石油などのエネルギーをできるだけ少なく用いて冷・暖房を行い，それにより得られた快適な空間を「保つ」方法として，断熱材により熱を保つ，または遮断する必要が出てきた．一方で，室内の湿気が壁内に入り込み断熱材の表面で結露したり，断熱性能を低下させることを防止するため，防湿シートを併用することも重要である．

RC造や木造では外壁の室内側を断熱材で覆う内断熱工法が多く使われているが，近年では鉄骨造と同じく建物の外側を断熱材で覆う外断熱工法が注目されている．

これらの材料について，以下に分類しながらその特徴を示す．なお，44項の軟質繊維板や73項のセルロース断熱材もこれに属する．

1 グラスウール

溶融ガラスをノズルから吹き出し，直径が1〜20 μm程度の細い繊維状としたものを接着剤により固めている．素材が不燃材なので火災に強く，空気層を多く含むことから防音の効果も期待できる．製品としては，パネル状のバットにしたものと，長尺のロールにしたものとがある．これらはその形状や用途により，住宅の壁・床・天井下地内にロール製品が，RC造の機械室やスタジオなどにバット製品が主に使用されている．

2 ロックウール（岩綿）

石灰・けい酸質鉱物を主原料とし，溶融した後に遠心力などで吹き飛ばして細長く繊維状にした材料をグラスウールと同様に成型した製品である．性質も類似しているが，こ

らのほうが性能を発揮できる温度の上限が400〜650℃（等級により異なる）と高温になっている．

3 ポリスチレンフォーム

ポリスチレンフォーム樹脂に発泡剤や難燃剤を加えてふくらませ，一定の形に搾り出して板状に成型したものが押出し法ポリスチレンフォームである．ビーズ法の製品もあるが主に梱包材などに使われ，建築においては断熱性能が高いわりに安価で，広い面積を施工するのに適している押出し法の製品が主流である．

4 硬質ウレタンフォーム

ポリオール，ポリイソシアネートなどのウレタン樹脂を発泡させて板状に成型する製品以外に，それを現場で断熱したい箇所に直接吹き付けて発泡させることもできる．現場吹付けの場合は，隙間なく断熱を行うことができるが，現場施工の精度の良し悪しや発泡させるための代替フロンガスの問題がある．

5 炭化コルク

コルク樫の樹皮（厚さが30〜50 mmある）を剥いだものがコルクであるが，その端材や小片をチップ状にして高温・蒸気加工するとコルクの樹脂により接着される．これを板状に成型したものを断熱材として使用する．天然の木材と同じで調湿効果があり，シロアリを寄せ付けない防蟻性もある．

6 防湿シート

厚さが0.1 mm以上の塩化ビニルフィルムなどで，断熱材の室内側に用いて壁内への湿気の侵入を防ぐ．

7 透湿防水シート

ポリエチレンフィルムなどに特殊加工をしたもので，断熱材の外部側に用いることにより，壁内に入り込んだ湿気を外に逃がしつつ雨などの外部からの水を遮断する．

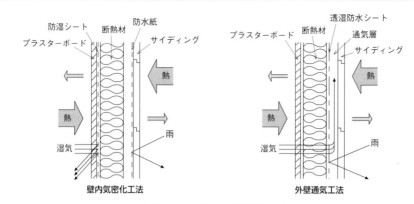

図50-1　木造の壁内断熱の例

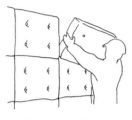
グラスウール（バット）

グラスウール（ロール）

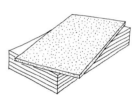
押出し法ポリスチレンフォーム

図50-2　各種断熱材

表50-1　各種断熱材の特性（例）

種類		熱伝導率〔W/m・K〕	湿気への抵抗性
無機質繊維系	グラスウール	0.042～0.052 以下	透湿するので壁内部が結露しやすい
	ロックウール	0.043～0.052 以下	
有機質繊維系	軟質繊維板	0.045 程度	木質繊維に調湿作用があるので壁内部が結露しにくい
	セルロース断熱材	0.04～0.05 程度	
	炭化コルク	0.035 程度	
発泡プラスチック系	押出し法ポリスチレン	0.028～0.04 以下	湿気を通さないが，燃えやすい
	硬質ウレタンフォーム	0.023～0.025 以下	

確認問題　次の問題のうち，正しいものには○，誤りのものには×で答えよ.

解答は 166 ページ➡

☐☐① グラスウールは，吸水しても断熱性能は低下しないため，汎用性の高い断熱材として使用されている.

☐☐② 泡プラスチック系断熱材は，樹脂中に微細な独立空気泡を閉じ込めることで，断熱効果を発揮するもので，繊維系断熱材に比べて断熱性に優れている.

☐☐③ ポリスチレンフォーム等のプラスチック系の断熱材は，耐久性が高いため，直射日光下での保管が可能である.

内・外装材

1 外壁材の概要（湿式と乾式）

建物の外壁材は，工事現場で材料を調合してつくり上げる**湿式材料**と，工場生産された製品を取り付ける**乾式材料**とに大別できる．湿式材料の場合，固まるまでの間は壁を養生して，衝撃や振動により故障が生じないように注意しながら工事を進める必要があるが，乾式材料では取付け直後からすぐ次の作業に取りかかれるという利点がある．

RC造の外壁はコンクリートの躯体として工事現場で一体成形され，湿式材料が吹き付けられて仕上げられる．一方で，コンクリート打放しのままでも荒々しくもモダンで，無機的・都会的な外壁を表現する場合もあるが，コンクリートの品質や施工の管理を十分に行わないと成功しない．

木造ではモルタル，プラスター，しっくい，土壁などで外壁をつくり，必要に応じて吹付けをする湿式材料や，合板や胴縁を下地としてその上にサイディング・羽目板などの乾式材料を取り付ける方法がある．

鉄骨造ではカーテンウォールなど乾式材料を使用している場合が一般的である．

2 吹付け材

主にコンクリートやモルタルの壁に，高圧コンプレッサによる吹付け，またはローラによる塗付けにより，躯体の仕上げと保護のための皮膜を形成する．広い面積を仕上げるのに適しており，対象物の形状や大きさ，位置にそれほど左右されずに施工できるので，外壁だけでなく軒天井や内壁などの広範囲な部分に使用されている．

材料はけい砂や寒水砂を骨材とし，これにセメントや合成樹脂エマルジョンなどの結合材と着色剤を組み合わせて使用する．吹付けの強さや粒の大きさの変化，またはローラや金ごてで玉状の表面を押さえることにより，立体的な模様をつけることができる．

① 薄付け仕上げ塗り材（リシン）

骨材に顔料で着色した状態，または着色骨材を多色混合して一回で吹き付ける．3mm程度の厚さでゆず肌・さざ波・砂状の仕上げが安価にできるが，耐候性・防汚性に欠ける．

② 厚付け仕上げ塗り材（スタッコ）

リシンと同様の材料であるが，模様を大きくするために，4～10mmの厚さで吹き付けた後，凸部を押さえつけて石肌調に仕上げる．

③ 複層仕上げ塗り材（吹付けタイル）

表面に模様をつくる玉吹きと，着色・皮膜のための上塗（トップコート）を数回に分けて吹き付けて，1～5mmの厚さに仕上げる．さまざまな模様が可能で，耐水性・耐候性もよい．

3 サイディング

木造の外壁にはる板状の材料をいい，桧や杉の羽目板なども含むが，最近ではセッコウや金属の工業製品もある．不燃材料が多く，防火構造にできるので新築工事によく使用される．既存の外壁によろいを着せるように囲って，リフォームするケースも増えている．

① 窯業系サイディング

パーライトなどの軽量骨材に繊維質材料を加えて，セメント・セッコウで厚さ12～25mmの板状に固めて製造される．製品を組み立てた後に仕上げをする塗装用と，仕上りの模様や塗装までを工場で施した仕上げ用がある．

② 金属系サイディング

表面仕上げされた鋼板（ガルバリウム鋼板ほか）やアルミニウム板の裏に難燃性のセッコウボードを組み合わせた複合型と，リフォームで使用される金属板がある．鋼板のものは表面を塩化ビニルや亜鉛めっきで被覆して耐候性を高める必要がある．金属系は，総じて手入れや部品の交換がしやすい．

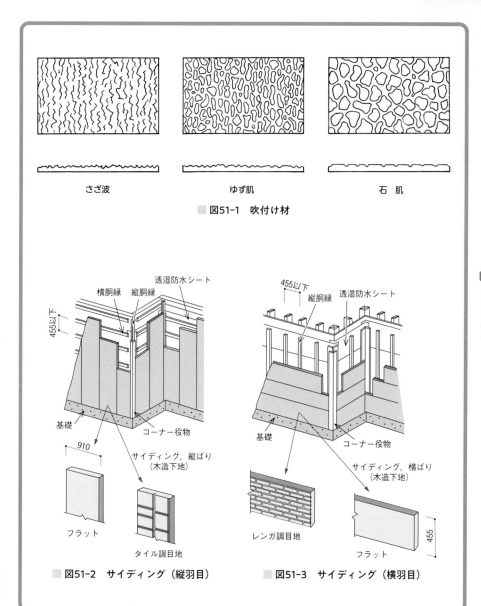

さざ波　　　　　　　　　ゆず肌　　　　　　　　　石　肌

■ **図51-1　吹付け材**

透湿防水シート
横胴縁　縦胴縁
455以下
基礎
コーナー役物
910
フラット
サイディング，縦ばり
（木造下地）
タイル調目地

■ **図51-2　サイディング（縦羽目）**

455以下
縦胴縁　透湿防水シート
基礎
コーナー役物
サイディング，横ばり
（木造下地）
レンガ調目地
フラット
455

■ **図51-3　サイディング（横羽目）**

内・外装材

確認問題　次の問題のうち，正しいものには○，誤りのものには×で答えよ.　　解答は 166 ページ➡

□□① ガラス繊維混入セメント板は，セメント系材料にガラス繊維を混入したものであり，外装には使用できない.

□□② 窯業系サイディングは，原料を発泡させて高温高圧蒸気養生した材料であり，独立気泡を多く含むため，耐火性・断熱性に優れている.

□□③ 押出成形セメント板は，中空を有する板状に押出成形しオートクレーブ養生したパネルで，非耐力外壁や間仕切壁に使用される.

52 カーテンウォール

1 カーテンウォールの登場

20世紀になって鉄，コンクリート，ガラスを使用する建築が普及し，工業製品を使用したデザインが発展した．壁と窓を一体化して工場生産することにより，軽量化と品質の安定を図った外壁パネルが生まれ，その軽さから**カーテンウォール**と呼ばれた．とくに事務所ビルでは石造のような重量感のある外壁から，軽快で明るいイメージのカーテンウォールを使用する傾向が強まった．

日本でも昭和30年ごろからアメリカ建築の技術を導入して，サッシメーカーやガラスメーカーが積極的に開発を進めた．初期は，金属製が主流であったが，価格の安いコンクリート製も多くなり，現在では高層建築物の外壁はカーテンウォールが多用されている．

2 カーテンウォールの特徴

・工場生産なので，木材や石材などの天然材料に比較して品質が安定している．
・現場施工を合理化し，**工期が短縮**できる．
・工事のシステム化により品質管理が容易になり，**建物の精度**がよくなる．
・メンテナンス，**部材交換**が容易である．
・工業製品のため，大量生産によるコストダウンを図れるが，装飾性の過度なものは少量生産となってコストが高くなる．
・地震に対して安全なように，構造体との取付け方法に注意が必要である．

3 カーテンウォールの種類

① 金属製カーテンウォール

金属製カーテンウォールはいち早く建築物に応用され，その金属とガラスの調和した美しい外観により，広く一般に普及した．

材質には，アルミニウム，鋼，ステンレスなどを使用し，耐候性の高い仕上げとする．アルミニウムのカーテンウォールは，工場でアルミニウムを押出し成型する技術を用い

て，軽量で自由な断面形状の**方立（マリオン）**や，**横桟（ボーダー）**をつくることができ，これらをパネル状に成形した**幕板（スパンドレル）**やガラスと組み合わせて壁にする．

鋼製のものは，錆の発生を抑えるために高耐候性圧延鋼材や亜鉛めっき鋼板などを用いてつくられる．アルミニウムに比較して価格が安く，強度も強い．

ステンレスのものは，耐候性がとくに高く，磨き仕上げにより鏡面効果が得られるため，独特な外壁のデザインを表現できる．

② ガラス・カーテンウォール

SSG（structural sealant glazing）構法と呼ばれるカーテンウォールで，ガラスをシーリング材でつなぎ合わせて外壁とすることにより，ガラス張りの建物のように見える．

実際には建物内側にある金属製の骨組み（バックマリオン）に構造シーリングで接着され，外側にも桟が縦または横に取り付けられて，ガラスの2辺を外側から固定している．

デザイン優先の構法なので，設計時に地震，風圧などの外力に対する構造計算と，取付け方法を十分に検討する必要がある．

③ プレキャスト（PCa）カーテンウォール

「コンクリート製品」で解説した壁パネルの製品をカーテンウォールとして取り付けることにより，躯体の鉄骨を耐火被覆することができる．また，タイルや石張りなどの外観を演出できるが，重くなるので取付け部分を堅固にする工夫が必要になる．

④ 押出し成形セメント板（ECP）

サイディングと同様の材料で60mmの厚さにし，内部をコンクリートブロックのような中空状に成形した製品である．PCaと同様な特徴があるが，こちらのほうが軽量である．ALCパネルとともに，低層の鉄骨造（住宅・店舗・倉庫など）に多く使用されている．

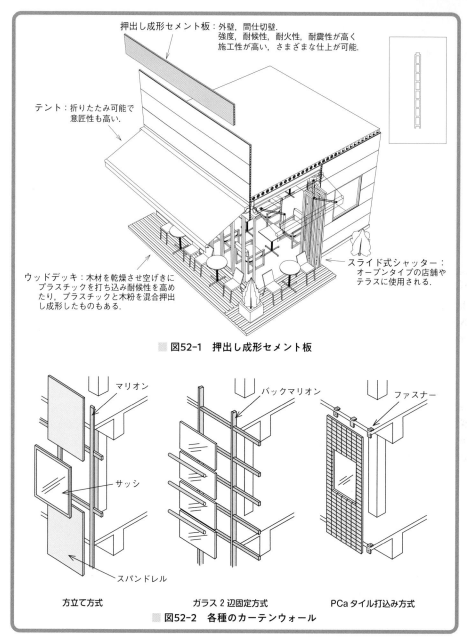

押出し成形セメント板：外壁，間仕切壁.
強度，耐候性，耐火性，耐震性が高く
施工性が高い，さまざまな仕上が可能.

テント：折りたたみ可能で
意匠性も高い.

ウッドデッキ：木材を乾燥させ空げきに
プラスチックを打ち込み耐候性を高め
たり，プラスチックと木粉を混合押出
し成形したものもある.

スライド式シャッター：
オープンタイプの店舗や
テラスに使用される.

▨ 図52-1　押出し成形セメント板

内・外装材

マリオン

サッシ

スパンドレル

バックマリオン

ファスナー

方立て方式

ガラス2辺固定方式

PCaタイル打込み方式

▨ 図52-2　各種のカーテンウォール

確認問題　次の問題のうち，正しいものには○，誤りのものには×で答えよ.　　　　解答は166ページ➡

☐☐① カーテンウォールとは，建築物の外周に設けられた，荷重を支持する壁のことである.

☐☐② カーテンウォールは，地震時のしなりによるゆがみの影響を小さくし，ガラスの飛散防止にも役立つ.

☐☐③ カーテンウォールは工場で組み込んだパネルを工事現場に運んで取り付けるため，足場を組む必要がな
く，工期の短縮にもつながる.

53 壁紙類

1 製紙原料と紙質

紙の原料となるものには次のようなものがある.

a. コウゾ・ミツマタ：高級な和紙

b. じん皮パルプ
精製パルプ ｝：長期間の保存可能な高級洋紙

c. 木材パルプ・廃紙：新聞・雑誌用

精製パルプとは，木質パルプを亜硫酸またはアルカリで処理し，非繊維物質を除いたものである.

建築に用いるものは主に，壁紙，障子紙，ふすま紙がある. 以下に概要を述べる.

2 壁紙

壁の仕上げには，一般に壁紙といわれるものの中に，紙だけでなく，布材，ビニル質のものもある. 種類により，仕上り具合，価格はさまざまである.

① 紙壁紙（クロス）

素材は主に紙で，洋紙を用いる. プリントの美しいものが多く，表面は樹脂加工されている. スイス産のものに油絵の具で模様仕上げの壁紙があり，高級品とされている.

また，スイスは印刷技術が高く湿度も低いので，発色のよいものがある.

幅は 48～91 cm，ロール状になっているものが多い. 水ふき可能なものもある.

② 織物壁紙（布クロス）

素地に美しい図柄を織り込んだものや表面に模様をプリントしたものなど多種類ある. 風合いがよく，感触がソフトで居間などの壁仕上げに向くが，比較的高価である. 水がかかる部分では使用しないほうがよい.

③ ビニル壁紙（ビニルクロス）

ビニル壁紙は多色プリントでさまざまなものがあり（織物調，塗壁調，発泡状の凸凹のあるものなど）**水ふき可能**で，安価なので，食堂，台所，玄関，トイレなど広範囲に使用される.

また，コンピュータの発達により，個人が作成した風景写真や図柄をプリントしたものを専用紙やプラスチックシートに加工，印刷して壁紙とし，オリジナリティのある空間もつくられている.

④ 壁紙の注意点

・壁紙の選定は，部屋の用途と材質が適当であるか検討する.

・色や柄は，部屋のイメージを決定した後で少し控え目のものとする.

・壁下地によっては，壁紙が合わないことがあるので注意する.

・図柄によっては，重ね合わせるときに余裕が必要になるので，見積りに注意する.

・防火指定の場合は材質に注意する.

3 障子紙

障子紙には，和紙の中で**美濃紙**が用いられ，その寸法は幅×長さ＝27.6 cm（9寸2分）または 27.2 cm（9寸）×36 cm（1尺3寸）である. 長さ方向には長いものもあり，縦に継ぎ目がなくはれる 84 cm，90 cm，1 m などがある.

巻き障子紙は 1 本で 3.6 m（2間）あり，障子 4 枚をはることができる. 和紙は内部の繊維に空げきがあるために，**通気性，保温性を保持**することができる.

また，和紙の両面に樹脂加工し，耐久性を持たせたものがある.

4 ふすま紙

和室の開口部に多用されるふすま（襖）は，下ばり用に細川，箱ばりを使用し，上ばりにコウゾを原料とした鳥の子や布地などを使用する. 鳥の子は，厚手の手すき和紙であるのに対し，新鳥の子はパルプを混入してつくられる. 表面の平滑なものと，しわ状の乱線模様（もみ）のあるものとがある.

布地には，絹，木綿，ばしょう布などがあり，どれも裏紙を施してある.

表53-1　壁紙の用途別種類

部屋	材質	要求性能	色・柄	備考
玄関・廊下・階段など	ビニルクロス 紙・布クロス	汚れが落としやすい	原色は避ける 無地・細ストライプ	色柄による圧迫感を避ける
リビングルーム	ビニルクロス 紙・布クロス	汚れにくく，傷が付きにくい	原色は避ける．疲労感，飽きのない色・柄	落着きを与える雰囲気にする
キッチン ダイニングキッチン	ビニルクロス （防火）	汚れ防止品．防水・防火性能が必要	中間色で明るいもの無地か小柄	汚れを落としやすく，清潔感も重要
寝室	ビニルクロス 布クロス	通気性および吸音効果のあるもの	中間色小柄	安らぎを与える雰囲気にする
子供部屋	ビニルクロス 紙クロス	汚れにくく，傷が付きにくい	明るい色・柄にする	成長に合わせて張替えを考慮
洗面所，浴室，トイレ 水回りなど	ビニルクロス	汚れ，耐水性，防かび性が必要	清潔感のある色・柄	圧迫感を感じさせない配慮

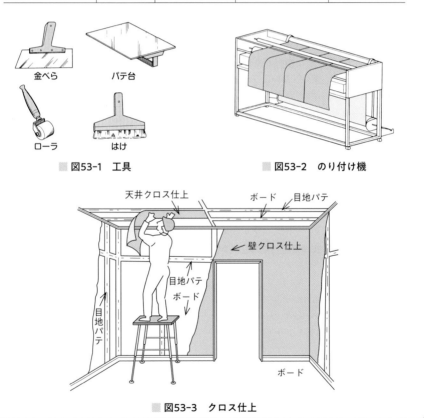

金べら

パテ台

ローラ

はけ

■ 図53-1　工具

■ 図53-2　のり付け機

天井クロス仕上

ボード　目地パテ

← 壁クロス仕上

目地パテ

ボード

目地パテ

ボード

■ 図53-3　クロス仕上

内・外装材

確認問題　次の問題のうち，正しいものには○，誤りのものには×で答えよ.　　解答は166ページ➡

□□ ① 壁紙の柄は等間隔でプリントされており，同じ柄が繰り返し現れる．この間隔を「リピート」という.

□□ ② 工事現場での材料の保管方法として，巻いた壁紙は寝かせて保管する必要がある.

□□ ③ 障子紙は室内に入る直射日光を遮り，柔らかな光を通すとともに，通気性や吸湿性も持っている.

54 カーテン・ブラインド

1 カーテンの機能

インテリアファブリクスとして需要が高く，容易に取替えができるので，住む人の個性を表現する大きな要素といえる．カーテンの機能には，遮光，遮へい，断熱，装飾性などがあげられる．また，火災に対して安全であるよう，難燃性素材の使用や燃えにくい加工をほどこした防炎カーテンがある．

① 遮光

室内への直射日光の入射を遮り，日照を調節する．部屋の用途により，カーテンの材質を変えて室内を暗くまたは明るくする以外に，室内の光を外へ漏らさないようにすることもできる．外からの太陽光を反射する**ミラーカーテン**などもある．

② 遮へい

室内のプライバシーを保持するため，外部からの視線を遮ることができ，室内の落着きを得る効果がある遮像カーテンなどがある．

③ 断熱

夏季には直射日光を遮り，熱の流入を減少させて冷房効果を高め，冬季には窓から外部への熱の流出やすきま風を防いで保温効果を上げる．

④ 装飾性

室内空間を演出するインテリアエレメントとしての役割も大きい．とくに，開口部は室内イメージに影響があり，大きさ，形，カラーコーディネイトによって，暖かさや明るさ，重厚さなどを感じさせる要素である．

⑤ 吸音，遮音

厚手のカーテンには吸音効果があり，室内で発するオーディオ機器やピアノの音が戸外に流出するのを防ぐ効果を持つものがある．これらは**遮音カーテン**と呼ばれ，布地の間に金属の薄膜を入れることで，吸音だけでなく，遮音効果も備えている．

2 カーテンの種類

① ドレープ

厚さのあるカーテンで，遮光，遮音，保温，断熱などの役割をする．重厚で装飾性が高く，デザインも豊富であるが価格は高い．

② レース

薄手の織物が中心で，光の透過性があり，優しく，柔らかさを持つ．直射日光を拡散させるが，これだけでは視線を遮る程度なので，他のカーテンと併用する場合が多い．

③ プリント

無地の布地に模様を染めたもので，色，柄に多種あるが，現代的な感覚のものが多い．材質には合成繊維のものが多く，装飾性に優れている．

④ ケースメント

ドレープとレースの中間的なもので，素材はレーヨンが多く使用される．ソフトな温かさがある．

3 ブラインド

開口部に用いるインテリアエレメントには，カーテンのほかにブラインドがある．ブラインドは**スラット**と呼ばれる羽根をコードでつなぎ，これを調節することでスラットの方向を変化させ，日照や通風を調節する．20世紀にアメリカで考案され，**ベネシャン（ベニス風）ブラインド**として発売されて普及した．

① ベネシャンブラインド

一般に，スラットの方向が横型で，アルミ合金に多種類の色を焼付け塗装したもの．

② バーチカルブラインド

スラットの向きが縦型のブラインドで大型のものが多く，事務所，店舗に適する．

③ ロールブラインド

布地，木，紙などを使用し，上部のロールにばねを内蔵し，任意の位置で止まるように工夫されている．

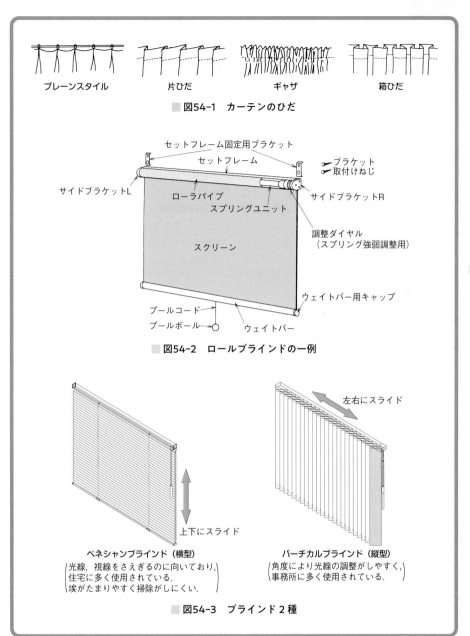

プレーンスタイル　　片ひだ　　ギャザ　　箱ひだ

■ **図54-1　カーテンのひだ**

■ **図54-2　ロールブラインドの一例**

セットフレーム固定用ブラケット
セットフレーム
ブラケット
取付けねじ
サイドブラケットL
ローラパイプ
スプリングユニット
サイドブラケットR
調整ダイヤル
（スプリング強弱調整用）
スクリーン
ウェイトバー用キャップ
プールコード
プールボール
ウェイトバー

ベネシャンブラインド（横型）
上下にスライド
(光線，視線をさえぎるのに向いており，)
住宅に多く使用されている.
埃がたまりやすく掃除がしにくい.

バーチカルブラインド（縦型）
左右にスライド
(角度により光線の調整がしやすく，)
事務所に多く使用されている.

■ **図54-3　ブラインド 2 種**

確認問題　次の問題のうち，正しいものには○，誤りのものには×で答えよ.　　　　解答は 166 ページ➡

□□① ノンプリーツカーテンは，レールの長さに対して約 1.0～1.5 倍の長さの生地を，ヒダを取らずに仕
　　　上げる方法である.

□□② シェードは機械で水平に布をたたみながら上下させる窓掛けで，窓際がスッキリとするのが特長である.

□□③ 防炎カーテンとは，燃えない素材でつくられているカーテンである.

55 天井仕上材

1 天井に求められる機能

天井は屋根裏の構造部を隠すため，室内側の仕上材としてできたものである．天井は壁，床と違い，室内にいる人間からは家具などに遮られずにほぼ全面が見えるので，室内デザインの重要な要素である．また，天井は上階との間に空間を設けて，防火，防音，断熱性などを向上させる機能がある．

- 下地が丈夫で，自重に耐えて落ちない．
- 火災は下から上方へ向かうので，燃えにくい材料であること．台所，浴室では不燃材料を使用する．
- 室内外の騒音を吸音，遮音する性能を有すること．ピアノ，オーディオ機器の騒音は，上部に吸音材を使うと減少する．
- 材料が吸水，吸湿することにより，反りや曲りを生じないこと．
- 室内は一般に冷暖房することが多いので，断熱性能が必要である．
- 開放感と落ち着いたデザインが望まれる．

2 天井の下地

天井は工法により2種類に大別され，上階の床（スラブ）裏に直接天井材をはりつける「**じかばり（直ばり）工法**」と，天井をはるフレームをつくり，天井を吊り下げて天井裏に空間をつくる「**吊り下げ天井工法**」がある．この天井裏空間を「**天井フトコロ**」という．これら天井裏の骨組を天井下地といい，木製と軽量形鋼やアルミ製品の軽量金属製が多く使用される．

3 天井の仕上材料

① 板天井

野縁に天井板をくぎなどで打ち留めたもの．板には，柾目，杢目の美しいものを用いる．一般にスギの銘木が多く好まれ，柾目材では秋田スギ，吉野スギ，杢目材では屋久スギ，吉野スギなどがある．

② 化粧合板ばり天井

吸音板，化粧セッコウボード，プリント合板，塗装合板，ケイ酸カルシウム板などを天井仕上材としたもの．一般に，下地材の**野縁**を材料寸法に合わせて（300〜450 mm 間隔）組み，これに接着剤，くぎで留め付ける．

③ 金属板天井

アルミニウム合金などの軽量金属板を天井下地に取り付け，金具などで留める．

④ 塗天井

左官仕上げを行った天井を塗天井という．

- 天井面に継ぎ目がない．
- 色彩は色の調合により自由度が高い．
- 耐火性の高い材料もある．
- 塗装が厚いと重みで落下する場合がある．
- 振動のある場所には向かない．

塗り上げる材料にはモルタル，プラスター，しっくいなどがある．

⑤ はり天井

板材の下地にクロス（紙，布）ばりを行い，天井仕上げとするものである．

和紙を用いる場合は，美濃紙をしょうふのりではり付ける．下ばりの後，袋ばりで中ばりし，その上に仕上紙を全面にはり付ける．

4 和風天井

畳敷きの和室では**さお縁天井**，大広間では**格（ごう）天井**を用いることが多い．

① さお縁天井

一般的には厚さ 6〜9 mm のスギ，ヒノキの板材を天井にはり，天井と壁との境界部分に天井回り縁を付けて，これに床の間と平行にさお縁を約 45 cm 間隔に渡して仕上げる．

② 格天井

格間が正方形となるように格縁を井げたに組み，その格間に鏡板をはる．格縁にはスギ，ヒノキを面取りして使用する．

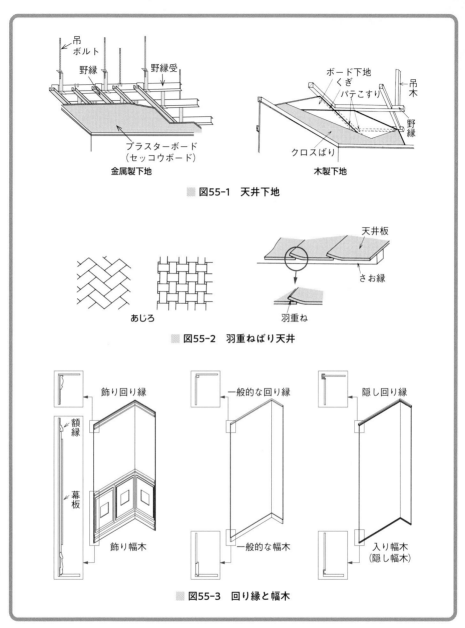

図55-1　天井下地

あじろ

羽重ね

図55-2　羽重ねばり天井

図55-3　回り縁と幅木

確認問題　次の問題のうち，正しいものには○，誤りのものには×で答えよ．

解答は 167 ページ➡

□□ ① ロックウール化粧吸音板は，吸音性・断熱性に優れているが，防火性に劣るため，天井の仕上には使用できない．

□□ ② 網代天井とは，木や草や竹などの，植物を薄く加工したものを材料として平面状に編み，それを天井材としたものである．

□□ ③ 野縁は天井材が落下しないように取り付ける部材である．

1 床に求められる機能

床は竪穴式住居の床である大地から発生し，やがて高床式住居の人工的な床へと発展した．床は生活の舞台として人体を支え，身近に触れ合う建築材料である．一般に人間の視線は目の高さよりも下へ向くことが多く，人間がその空間に対して持つイメージに床は大きな影響を与える．

- 床はその上に乗るものの重量に耐えて，丈夫でなければならない．
- 耐摩耗性があること．
- 浴室や厨房，洗面所など水回り部分では吸水性がなく，かつ耐水性があること．
- 足音や振動などが伝わり，不快な思いをしないように，吸音性がよいこと．
- 冬季に床下から寒気が伝わるため，断熱性があり，暖房効果の高いこと．
- 人体が常に触れる材料であるので，感触がよいこと．
- 転倒事故を防ぐため，軟質で歩きやすく，滑りにくい材質であること．とくに床が斜面（スロープ）となっている場合では大切である．
- 色調，光沢などデザインがよいこと．
- コストが安く，清掃などメンテナンスがしやすいこと．
- 事故が起きにくく，修理が簡単なこと．

2 床下地

床下地は重量がかかるので，耐久性があり変形が生じないよう強固につくられていること．また，断熱材を用いて保温に努めるとともに，保健衛生の点から，乾燥に十分注意することも必要である．

① 木造床下地

床束，大引，根太，根がらみ貫などを組み合わせてつくられる．床下地の施工が悪いと，床鳴りなど故障の原因となる．

一般に大引き，床束は910 mm 間隔とし，根太は和室の場合455 mm 間隔，洋室の場合は303 mm 間隔にはり付ける．足固めに根がらみ貫を打ち，根太の間に断熱材を入れ，床下の通風を考慮して換気口を設ける．

② コンクリート床下地

鉄筋コンクリート造の床（スラブ）を平滑にするため，モルタルを薄く塗りあげたものをコンクリート床下地という．その上に直接床仕上材をはる工法を**直ばり（じかばり）**といい，断熱や防音のために根太を並べた工法を**転ばし根太（ころばしねだ）**という．

1階の床では，下地コンクリート面が直接地面に接しているので防湿に注意する．また，断熱性が悪いので，コンクリートの下に発泡スチロールなどの断熱材を入れたり，プラスチックフィルムを入れて湿気を遮断する．

土間コンクリートの上をモルタル塗とする場合には，十分に乾燥させてから施工する．湿気により接着不良を起こす場合がある．

3 プラスチック床材

樹脂・ゴム系のものを主な原料としたもので，多くは30 cm 角のタイル，ロール状の長尺シートである．下地に接着剤ではり付ける．

① ビニルタイル

プラスチック床材の代表的なもので，多く使用されている．美しい色調があり，耐水性，耐久性がある反面，耐熱性がない．

② ビニル長尺シート

塩化ビニルをシート状に圧縮成型し，基材を裏打ちしたもので，適度の弾性があり，一般に**クッションフロア**とも呼ばれる．

幅90〜180 cm，長さ20〜30 m のシート状で，目地が少ないので耐水性，耐久性に優れ，色調や柄の種類が多く，用途に合わせて選択でき，水回り部位に使用される．

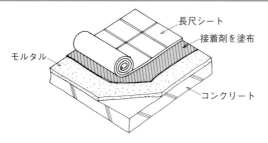

■ 図56-1　直ばりの場合

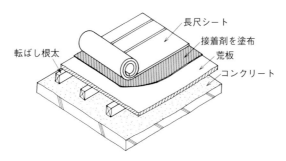

■ 図56-2　転ばし根太の場合

■ 表56-1　床の性能

性能 種類	耐久性	耐水性	感触	断熱性	滑り やすさ	メンテ ナンス	価格
木質系床材	よい	普通	よい	ややあり	滑り にくい	清掃が しやすい	やや高い
畳	メンテナン スによる	なし	よい	あり	滑り にくい	定期的に 畳表交換	やや安い
カーペット	よい	なし	よい	あり	滑り にくい	汚れが落 ちにくい	高いもの もある
プラスチック 床材	よい	よい	やや 悪い	ややなし	滑り やすい	水・汚れ に強い	安い
モルタル	よい	防水が 必要	悪い	あり	やや滑り やすい	清掃が しやすい	安い
タイル	よい	よい	よい	あり	滑り やすい	清掃が しやすい	高い
石材	よい	よい	よい	あり	滑り やすい	修理は 困難	高い

確認問題　次の問題のうち，正しいものには〇，誤りのものには×で答えよ.　　　解答は167ページ➡

☐☐① コンクリートやモルタルは防水性能が高いため，床や外部に仕上げなしで使用できる.

☐☐② 単層のコンポジションビニル床タイルは，摩耗しても柄がすりきれることがないが，欠けやすい.

☐☐③ 一般的に水廻り部位によく使われているクッションフロアは，衝撃をやわらげるとともに，遮音性能が高い.

57 床仕上材（2）

1 木質系床材

木材を素材とした床は古くから使用されており，現在も強度，弾力性，感触，色調などの点から床仕上材の中心である．木質系は耐火性に劣り，傷つきやすく，収縮によって狂いを生じるのが欠点である．

最近ではこれらの欠点を補い，原料不足を解消するために加工品が数多く普及している．

① 縁甲板

ヒノキ，スギなど針葉樹が使われていたが，価格が高いため南洋材の広葉樹製品もある．板厚は 15〜18 mm で，幅は 6〜18 cm に加工し，下地にくぎ打ちする．

② 寄木張り

本寄木張りは，厚さ 8〜10 mm の銘木板を幾何学的に組み合わせて模様をつくり，はり上げたものである．手作業で手間がかかることにより，価格も大変高くなる．

これに対し，耐水合板の上にサクラ，ナラの薄板を寄木模様にはりつけた寄木合板もある．30 cm 幅で長さは 182 cm が多い．

③ フローリングボード・ブロック

広葉樹を人工乾燥させ，さね加工したものを**フローリングボード**という．ブナ，ナラ，サクラなどの樹種があり，厚みがあるので，汚れたときは表面を削り，塗り直すことができる．約 30 cm 角の正方形に成型したものを**ブロック**といい，モルタル面に直ばり（じかばり）することができる．人工乾燥材なので，換気が不十分であると湿度により変形する．

④ 複合フローリング

芯材に集成材を使用し，表面に化粧板やコルクタイルをはり付けたもの（天然木化粧）と合成樹脂，塗装で表面を加工したもの（特殊加工化粧）などがある．節や割れの欠点がなく，狂いが少ない．耐久性，防音性を高めたものがある．

2 石材と人造石

我が国では石材は高価であるが，肌の美しさと耐摩耗性，耐水性から使用される．

① 大理石

色調が豊富で，独特の高級感を演出できる．イタリア産のものが良質で，玄関，浴室などに使用される．価格は高価となる．

② 御影石

稲田石，万成石，本御影石などがあり，明るいグレー色から黒色に近いもの，うすいピンク色の色調を持つものまで各種ある．耐久性に優れ，落ち着いた雰囲気がある．玄関，浴室，通路などに使用される．

③ 人造石

塗り床の一種であるが，種石とセメントを練り混ぜてモルタル下地に塗り，仕上げには洗出しと研出しがある．前者に那智石があり，後者には大理石を用いた**テラゾー**がある．

3 塗り床

左官仕上げの床であるが，モルタル塗だけでなく，合成樹脂のものもある．塗り床は継ぎ目がなく，曲面など造形に自由度がある．

① モルタル塗

厚さ 15〜25 mm のモルタルで最も手軽で，価格も安いが，仕上面に美しさが欠けるので，色モルタルを使うことがある．玄関，ポーチなどに使用される．

② 合成樹脂塗り床

モルタル塗と同様に現場施工である．材料自体が接着性を有するので，エポキシ樹脂系，ポリウレタン樹脂系の液材をモルタル面にかけ，平滑にし，硬化させるだけで目地がなく仕上がる．アルカリ，酸などの耐薬品性に優れ，硬化後は透水性が小さい．着色可能で，施工が容易である．ただし，熱，帯電，表面の傷，摩耗などに注意が必要である．

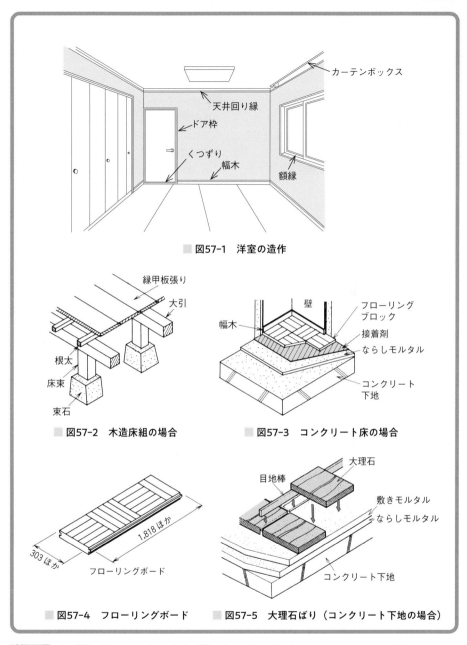

■ 図57-1　洋室の造作

■ 図57-2　木造床組の場合

■ 図57-3　コンクリート床の場合

■ 図57-4　フローリングボード

■ 図57-5　大理石ばり（コンクリート下地の場合）

確認問題　次の問題のうち，正しいものには〇，誤りのものには×で答えよ.　　　　解答は 167 ページ➡

☐☐ ① 一般に木質系床材は強度と弾力性を備えているため，床暖房の設置や階下への遮音効果に優れている.

☐☐ ② 大理石は，石目が美しく磨くと光沢が得られるため，玄関の床や浴室の床に適している.

☐☐ ③ テラゾーは天然の大理石等を粉砕し，セメントなどで固めて表面を研磨した板石であり，壁や床などの内装材として用いられる.

58 畳・カーペット

1 畳

① 畳の特徴

畳は日本を代表する天然素材の床材であり，次のような特徴がある．

- ・断熱性があり，日本の気候風土に適する．
- ・感触がよく，歩きやすい．
- ・ちりや湿気を帯びるが，吸音性がよい．
- ・保温性がよく，表面結露がない．
- ・暖房による熱変形がない．
- ・汚損した場合，表替えができる．
- ・部屋の広さを指標化でき，一種のシステム材といえる．
- ・素材の違いで和紙畳，琉球畳などもある．

② 畳の構成

畳は芯材，畳表，畳縁から構成される．

- **a. 畳床：芯材**は畳床といわれ，稲わらを乾燥させて縦横に交互に重ね，連続的に麻糸で縫い締めたものである．目が細かく，固く重いものほど上等である．一般には機械でつくられ，重さは約22～33 kg程度のものである．このほかに，軽量なフォームポリスチレン板やインシュレーション繊維板を用いたものもある．
- **b. 畳表：畳表**は乾燥させたイグサを横にし，麻糸を縦にして織り上げたもので，岡山・広島産のものが上等である．畳表は縦糸目数が多いほうが上等で，普及品は61目である．最近は塩化ビニルシート製もあるが，通気性に難があり，畳床がむれる欠点もある．
- **c. 畳縁：畳縁**は畳の長辺方向をおおう麻，木綿，絹などの織物で，色は黒，うぐいす，茶，その他の色物がある．京都産は風合いがよく，使い込んで味わいの出る上質なもので，次いで加賀松縁などがある．縁のない畳には，沖縄の琉球畳や柔道場の坊主畳などもある．

2 カーペット

室内環境を整え，美観，断熱性，感触がよく，取替えが簡単なインテリアエレメントである．

① 材質による分類

- **a. ウール**：羊毛を原料とし，湿度を調節する働きがあるので，日本のような高温多湿気候に適する．また，常に湿度があるので静電気の帯電を防止する．
- **b. ナイロン・アクリル**：1939年アメリカで発明された石油化学製品である．引張，摩擦に耐え，薬品，かびに強い．玄関ホール，階段に用いられる．熱に弱い．
- **c. レーヨン**：化学繊維の中で最も古く，木材パルプの繊維を薬品で溶かして大量生産される．染色性がよく，吸湿性，防虫性があるが，耐久性，耐火性に欠ける．

② カーペットの種類

- **a. 手織りじゅうたん（緞通）：だんつう**と呼ばれるもので，美しいものがある．ペルシャじゅうたんは耐久性も高く，最高級品である．独特の模様がある．
- **b. 機械織りじゅうたん**：一般的にいわれる「じゅうたん」である．生地にパイル糸を機械で織り込んだものである．**パイル形状**にカットとループがある．
- **c. パイル刺しゅうカーペット**：パイル糸を生地に刺しゅうで植え込んだものである．手づくりのものをフックドラグカーペット，機械織りのものをタフテッドカーペットという．
- **d. フェルトカーペット**：短繊維を圧縮し，フェルト状にしたもので，ニードルパンチカーペットともいう．
- **e. タイルカーペット**：表面パイルにナイロンなど，裏面にポリ塩化ビニル素材を用いた，40～50 cm角のパネル状カーペットである．

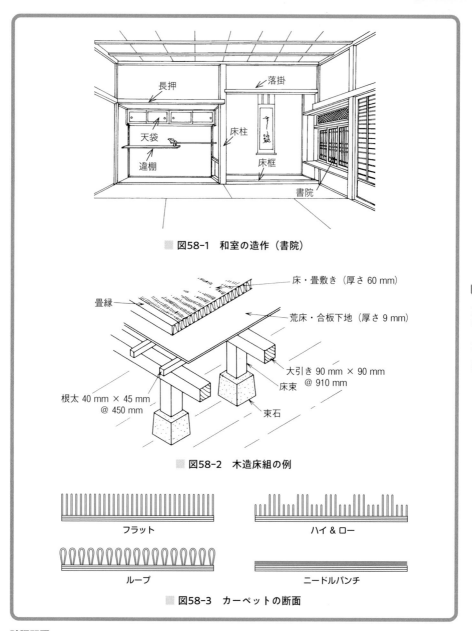

■ 図58-1　和室の造作（書院）

床・畳敷き（厚さ 60 mm）

畳縁

荒床・合板下地（厚さ 9 mm）

大引き 90 mm × 90 mm
@ 910 mm
床束

根太 40 mm × 45 mm
@ 450 mm

束石

■ 図58-2　木造床組の例

フラット

ハイ & ロー

ループ

ニードルパンチ

■ 図58-3　カーペットの断面

確認問題　次の問題のうち，正しいものには○，誤りのものには×で答えよ．　解答は 167 ページ➡

☐☐ ① 置き畳は，正方形の置敷きする畳で，天然のイグサだけでなく，和紙や樹脂など，さまざまな素材でつくられている．

☐☐ ② タイルカーペットは 40～50 cm 角の大きさのパネル状のカーペットで，表面はポリプロピレンやナイロン，ポリエステル，ウール等の糸でつくられている．

☐☐ ③ ビニールカーペットは，ビニールを原料としてつくられているため耐久性が弱く，室内のみで使用される．

59 各種の床仕上材

1 床暖房の概要

建築材料の中にも技術の進歩が定着しつつあり、ここにあげた**床暖房**もその一つである。

フィルムヒータや温水パイプなどを木質床材にはさみ込み、暖房効果を得ようというものである。電気式床暖房はランニングコストが安く、燃焼しないため、清潔で安全な暖房といえる。

・床材自体が熱源となるので、暖房機器を置くスペースが不要で部屋を広く使用できる。

・床暖房はふく射熱と伝導熱により接触面である人体を直接暖めるので、体感温度が高く感じられ、室温を過度に上げる必要がなく、湿度の調整も容易である。

・表面に木質床材を使うので感触がよく、夏季にはヒータを使用しなければ、通常の木質床材と変わらず使用できる。

・人間や家具の重量がかかるので、荷重による故障が起きないように配慮が必要となる。

2 床暖房の構造

電気式床暖房の構造は以下のようである。

a．**表面材**：樹脂塗装、加工の木質化粧板。
b．**均熱板**：ヒータの熱を拡散させる。
c．**ヒータ**：フィルム状の発熱体。
d．**保護層**：不燃材でヒータを保護。
e．**温度センサ**：温度の調節。
f．**基材合板**：断熱性の高い合板を使用。

床暖房周辺の床には熱による影響（割れ、反り）が出ないよう、同種の木質床材を用いるなどの配慮が必要となる。

3 全天候型床材

戸建住宅や集合住宅の屋上階の有効利用を図り、ルーフガーデンを設置する場合がある。このとき、屋上に土を入れ、芝を植えると建築物の防火や耐久性に影響が出ることが考えられるので、合成樹脂製の**人工芝**などの

全天候型床材を用いる場合もある。

また、プールや工場などでは防水性、防汚性を考慮して、人工芝だけでなく、合成樹脂系の床材も使用されている。

① 人工芝
・耐候性に優れた素材を用いている。
・汚れが付きにくく、水洗いできる。
・重量物が乗っても復元性がある。
・耐摩耗性がある。

② 合成樹脂マット
・清潔感があり、排水性がよい。
・弾力性があり、滑りにくい材質。
・耐薬品性、耐候性に優れている。
・約 30 cm 角のユニットで、つなげば大きさは自由である。

4 OA フロアの要素

社会の IT 化に伴い、コンピュータ機器設置に際して、機器類の配置や電気配線、通信回線をスムーズにするため、床と配線を一体化した方法がある。

① フリーアクセスフロア方式

床下を二重構造にし、荷重や配線の自由度を高めた**フリーアクセスフロア**が普及している。支持脚またはポリプロピレンを成型したベースシートを設置して空洞を設け、上部にフロアパネルをかぶせて二重床としたものである。

この場合、床高が 50～500 mm 程度高くなるため、床の段差や天井高の調整に注意が必要である。

② アンダーカーペット方式

タイルカーペットの下に薄型で帯状の**フラットケーブル**（通信用と電力用）を敷設する方式である。ケーブルを埋込み可能な薄型タイルを使用した改良型など、コンピュータ設置前の空間の天井高を配慮したものである。カーペットは 50 cm 角のタイル状で、敷き替えが容易である。

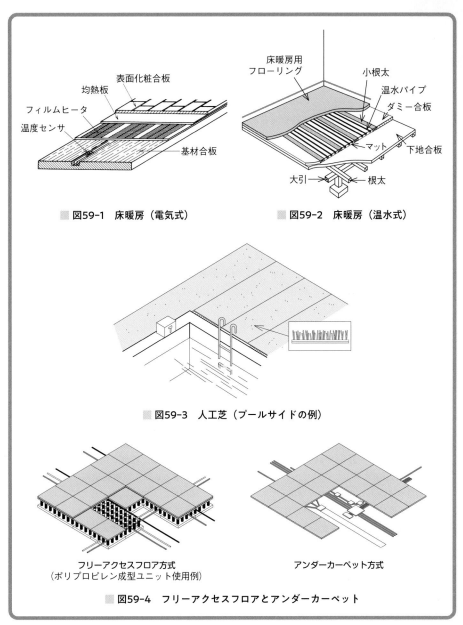

図59-1　床暖房（電気式）

表面化粧合板
均熱板
フィルムヒータ
温度センサ
基材合板

図59-2　床暖房（温水式）

床暖房用フローリング
小根太
温水パイプ
ダミー合板
マット
下地合板
大引
根太

図59-3　人工芝（プールサイドの例）

フリーアクセスフロア方式
（ポリプロピレン成型ユニット使用例）

アンダーカーペット方式

図59-4　フリーアクセスフロアとアンダーカーペット

確認問題　次の問題のうち，正しいものには○，誤りのものには×で答えよ．　　　　解答は 167 ページ ➡

☐☐① 床暖房には，主に温水式と電気式があるが，温水式の方が立上りは早く，施工も容易である．

☐☐② 住宅のバルコニー床などで用いる FRP 防水は，樹脂とガラス繊維などを組み合わせた塗膜防水で，軽く，耐久性が高く，継ぎ目のない防水層がつくれるが，工期が長い．

☐☐③ フリーアクセスフロア（OA フロア）は，フロアパネルを敷くことで床を二重構造にし，その空間に電力や LAN の配線を通すシステムである．

119

60 塗料

1 塗装の概要

塗装は主に材料の表面に塗料を塗ることで，材料を腐食や老朽から保護する目的と，色彩や光沢を材料に与えることで，美観が生まれる仕上げを目的として行う．

一般に，不透明な膜を形成する塗料を**ペイント**といい，透明膜を形成するものを**ワニス**というが，**ステイン**のように被膜をつくらないものもある．塗装順序は，素地ごしらえ→下塗り→中塗り→上塗りの順となるものが多い．

2 塗装の注意事項

・塗装目的に適合する塗料を選ぶ．
・素地ごしらえを十分行う．
・天候により工事を中止する（とくに気温5℃以下の寒冷時）．
・塗料に適した道具を使用し，塗厚に注意．
・塗装後はよく養生し，乾燥させる．
・引火性が強い塗料もあるので，材料と道具の取扱いに注意する．
・外装用塗料は，風雨，日照の影響を受けるので耐候性のあるものを選ぶ．
・一定年数を過ぎたら再塗装する．

3 塗装の種類

① 油性ペイント（オイルペイント）

顔料と乾燥性脂肪油を原料とする．耐久性，耐水性，耐候性は大きいが，アルカリに弱い．**モルタル面，コンクリート面に塗るのは不適当**であり，乾燥には時間がかかる．

② 水性ペイント（エマルジョンペイント）

焼セッコウ，顔料，接着剤を混ぜたものを使用時に水で溶いて用いる．アルカリに強く，**モルタル面，コンクリート面に適している**．耐久性に劣り，内装仕上げに使用される．

③ 油性ワニス

油溶性樹脂を乾燥性油に溶解し，揮発性溶剤で薄めたものである．耐久性，耐水性はあるが，アルカリに弱く耐候性に劣る．

④ エナメル

耐水性は大きいが，耐候性，耐アルカリ性はない．光沢があり，乾燥も早い．

⑤ ラックニス

耐水性が大きく，耐候性，耐熱性はない．室内木部の素地を出すときに使用する．

⑥ ラッカー

耐水性があり，乾燥が早く美しい．透明なクリアラッカーは木材の素地を生かして家具，室内木部を仕上げる場合に使用する．

⑦ オイルステイン

建具，造作材など木材の生地に着色する目的で使用する．

⑧ 光明丹（鉛丹）

鉄材の防錆塗料として下地用に使用する．独特の朱色を示し，建設現場の鉄骨材でよく見ることができる．

⑨ 漆

輸入品が多く，建築・工芸品に使用される．

⑩ 合成樹脂塗料

a. **ポリエステル樹脂塗料**：空気に触れずに乾燥する．目地や開口部に用いる．

b. **尿素・メラミン樹脂塗料**：主として金属用で，工場塗装とする．

c. **酢酸ビニル塗料**：エマルジョン型で，主としてモルタル塗装に用いる．

d. **塩化ビニル塗料**：溶剤型で，鉄骨の錆止め，下塗り，コンクリート面の塗装に使用されている．

⑪ 遮熱塗料（高日射反射率塗料）

遮熱塗料は機能性塗料の一つで，太陽光エネルギーのうち近赤外線領域の光を効率よく反射して，塗膜表面の温度上昇を抑制する．遮熱塗料を使用することで，塗膜からの蓄熱放射による外気温上昇が抑制され，**ヒートアイランド対策**に有効な手段として期待される．

■ 表60-1　塗装の工程（左から右へ工程進行）

塗装系 素材	下地処理	下塗り	穴埋め	中塗り	上塗り
金属面	エッチング プライマ	プライマ	パテ	サーフェーサ	トップコート
木材面	ステイン	シーラ	フィラ	サンジングシーラ	トップコート
壁材面	―	シーラプライマ	パテフィラ	―	トップコート

■ 表60-2　塗料の種類

種類	主成分	耐候性	耐水性	耐酸性	耐アル カリ性	用途・特性
油性ペイント	顔料 乾燥性脂肪油	○	○	△	×	内・外装に使用 乾燥に時間がかかる
水性ペイント	焼セッコウ 顔料・接着剤	×	×	○	○	内装材に使用．モルタル面・ コンクリート面に適する
油性ワニス	油溶性樹脂 揮発性溶剤	×	○	△	×	家具，建具の塗装に使用
エナメル	顔料，油脂	×	○	△	×	光沢がある，乾燥が早い
ラックニス	シュラック	×	○			室内木部の素地を出すとき
オイルステイン	顔料	×	×			建具，造作材などの着色
ポリエステル樹脂 塗料	ポリエステル 樹脂溶剤	○	○	○	○	空気に触れずに乾燥 目地やサッシ取付部に使用
塩化ビニル塗料	塩化ビニル樹 脂溶剤	○	○	○	○	錆止め，下塗り，コンクリー ト面の塗装に使用
メラミン樹脂塗料	メラミン樹脂 シンナー	○	○	○	○	焼付塗装に使用する 耐汚染性がある

(注)○印は優れている，△印は劣る，×印はなし

      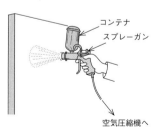

水性ばけ　　むらきり　　豆　　ローラばけ　　洋ばけ

コンテナ
スプレーガン

空気圧縮機へ

■ 図60-1　吹付け塗装

塗料・接着剤

確認問題　次の問題のうち，正しいものには○，誤りのものには×で答えよ．　　解答は 167 ページ➡

□□① ラッカー塗料は，乾燥が早く，主に室内木部の仕上げ，家具に使用する．

□□② 鉛丹は，鉄材の防錆塗料として下地用に使用する．

□□③ 合成樹脂エマルションペイントは，水溶性なので，モルタル面，コンクリート面に適さない．

61 接着剤

1 動物性接着剤

① 獣にかわ

獣の皮，骨，魚の皮類からつくられ，主成分はコラーゲン（タンパク質）である．早く固まるが耐水性がない．

② カゼインにかわ

牛乳中のタンパク質から分離してつくられる．帯黄色の粉末で，耐水性，接着力は大きい．

2 植物質接着剤

① 大豆にかわ

脱脂大豆を細かく砕いた粉末である．成分は大豆タンパク（リグニン）で，性質，使用法は動物質カゼインに似ているので，大豆カゼインともいう．

安価で耐水性もあるが，屋外用には適していない．常温で使用できるが，粘性が小さく広葉樹（硬木）の接着には適していない．

② のり類

小麦，ジャガイモ，トウモロコシなどを粉末にし，精製したデンプンを使用する．このデンプンに水を加えて70℃近くに熱し，のりをつくるが，加熱し過ぎると質が悪くなる．

姫のり（医薬用），そくい（建具・家具用），寒梅のり（建具・家具用），生ふのり（経師用）などがある．

このほかに，土砂壁用の海そうのり，左官用のコンニャクのりがある．

3 樹脂質接着剤

① ゴム質接着剤

天然ゴム類をトルエン，ガソリン，ナフサなどの溶剤に溶かし，安定剤，硬化剤を混合してつくられる．

取扱いが容易であり，木材，紙類，金属，タイルなど広範囲な接着に使用されている．再生ゴム質のものは耐候性も少なく，室内用として使用する．

② 天然樹脂質接着剤

ロジン，シュラックなどを揮発性溶剤に溶かしてワニス状としたもので，耐水性に劣る．

4 合成樹脂系接着剤

接着剤には，単一成分からなる**一液性接着剤**と，主剤と硬化剤を成分とする**二液性接着剤**があり，後者にエポキシ樹脂系接着剤がある．

① ビニル樹脂系接着剤

酢酸ビニルが主で，溶剤型とエマルジョン型があり，用途は広いが耐水・耐熱性に劣る．エマルジョン型は危険性が低く安価である．

② アクリル樹脂系接着剤

アクリル樹脂に他の樹脂を配合したものが多い．接着力が強く，皮，ゴム，塩化ビニル成型材の接着に適している．

③ ユリア樹脂系接着剤

ビニル樹脂系接着剤よりも耐水性があり，耐水合板などの木工用に適している．

④ フェノール樹脂系接着剤

水溶型，溶剤型，粉末型などがあり，他の樹脂と共縮合させて用いることもある．木材，金属，プラスチックスの接着に用いる．

⑤ ポリエステル樹脂系接着剤

種々の硬化剤，促進剤を加えてつくられる．接着力が大きく，硬化収縮も少ないが，木材の含水率によって性能が低下することがある．

⑥ エポキシ樹脂系接着剤

接着力が大きく，耐水性に優れている．金属，石材，ガラス，コンクリート，陶磁器などの接着に使用できる．万能型で便利であるが，高価である．

⑦ メラミン樹脂系接着剤

メラミンとホルマリンからつくられ，耐水性は優れている．ただし，人間に有害な成分も含まれ，シックハウスの原因とも考えられ，使用が制限されている．

表61-1　接着剤の種類

種類	主成分	接着力	耐水性	耐熱性	接着適性	用途・特徴
にかわ	タンパク質	あり	なし	なし	紙・ボード・家具	使いやすく，安価である 粘性が急速である
ゴム質接着剤	天然ゴム	初期は あり	あり	なし	木材・紙・布・金属・ タイル	室内用に使用
ビニル樹脂系 接着剤	酢酸ビニル	あり	なし	なし	木材・紙・布 内装仕上材	木工事に広く使用される
アクリル樹脂 系接着剤	アクリル樹 脂	強い	あり	あり	皮・ゴム 塩化ビニル成型材	耐酸性・耐アルカリ性・ 耐油性に優れている
メラミン樹脂 系接着剤	メラミン ホルマリン	強い	あり	あり	木材・紙・布	熱硬化性のため，70℃ 以上の熱処理に適する
フェノール樹 脂系接着剤	フェノール 樹脂	あり	あり	あり	木材・金属・プラスチッ クス	耐水合板の接着などに適 する
ポリエステル 樹脂系接着剤	ポリエステ ル樹脂	強い	あり	やや 劣る	木材・金属・プラスチッ クス・セメント製品	木材の含水分により性能 が低下することがある
エポキシ樹脂 系接着剤	エポキシ樹 脂	強い	あり	あり	石材・金属・ガラス・ コンクリート・陶磁器	コンクリートの補修など 万能型であるが，高価

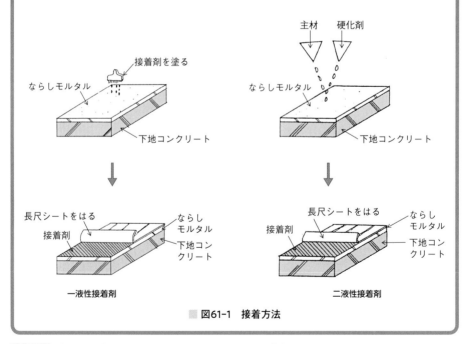

図61-1　接着方法

一液性接着剤　　　　　二液性接着剤

確認問題　次の問題のうち，正しいものには〇，誤りのものには✕で答えよ.　　解答は167ページ➡

☐☐① 酢酸ビニル樹脂系接着剤は，耐水性，耐熱性に優れ，屋内，屋外に広く使用される.

☐☐② エポキシ樹脂系接着剤は，接着力が大きく，耐水性に優れ，コンクリートの補修などに使用される.

☐☐③ フェノール樹脂系接着剤は耐水性，耐熱性に優れ，耐水合板の接着などに適する.

62 木製建具

1 建具に求められる性能

建築物に付いている窓や出入口を開口部という。開口部には，ドア，雨戸，ふすまなどの開閉の役割をする部材が付いている場合が多い。これらを建具といい，大別すると**木製建具**と**金属製建具**に分けられる。建具に対して求められる機能は下記のようである。

- ・防犯上，しっかりと施錠できる。
- ・丈夫で軽く，長期間使用しても狂わないこと。
- ・衝撃を受けても変形しない。
- ・遮音性がよく，プライバシーの確保ができる。
- ・場所によっては自然光などを，採光するのに支障がない。
- ・断熱効果がある。
- ・場所によって，換気が適切にできる。
- ・デザインがよく，使い勝手がよい。
- ・価格が適切である。
- ・家全体のデザインと調和がとれている。

2 木製建具

日本の住宅では，アルミサッシが普及した現在でも，木製建具が数多く使用されている。とくに和室においては，出入口のふすま，窓や部屋の仕切りには障子が使用されて，日常生活に密着している。

① 木製建具の特徴

- ・木材の素材としての美しさがある。
- ・手触りなどの感触がよい。
- ・金属製建具と比較すると気密性，耐火性に劣る。

② 木製建具の材質

針葉樹が多く，ヒノキ，スギが代表格であるが，広葉樹のタモ，ナラなどやベイスギ，スプルス，ラワンなどの輸入材も使用されている。このうち，スギは木肌が美しく，特有の香りがあり，材質が素直なので細かい細工

のある建具に向いている。ただし，摩耗が早いことが欠点である。

ラワンはフラッシュ戸などによく使用されるが，防虫対策をしておく必要がある。建具は心持材を使用したほうが耐久性がある。

建具に用いる木材はよく乾燥させたものを使用する。乾燥が不十分なものを使用すると，暖房や直射日光により狂いを生じる。

3 木製建具の種類

① 障子

障子は仕上材により，紙障子とガラス障子がある。かまち，桟，組子で骨組みがつくられ，和紙またはガラスをはり付ける。とくに和紙は室内へ柔らかい光を取り入れるとともに，湿度の調整に役立つ。桟のデザインにより障子の名称は異なる。

② ふすま（襖）

縁と下地骨で骨組がつくられ，両面に和紙（鳥の子，新鳥の子など）をはって，仕上げられる。主に和室の間仕切，押入の建具として使用される。

洋室側の片面だけを合板などの板ばりとし，和室と洋室の間仕切りに使用されるものを**戸ぶすま**という。

③ フラッシュ戸

かまち（框）と桟で骨組みをつくり，両面に合板をはり付けたものである。外部に面する側は耐水合板を使用し，その他は合板や化粧合板を使う。骨組みが狂わないように集成材を使用する場合もある。

④ ガラス戸・雨戸

木製のガラス戸は，アルミサッシの普及で次第に減ってきたが，結露や防音のために，二重ガラスとしたものも製品化されており，住宅用に普及している。また，雨戸は防犯や台風など防災の点で有効であるが，木製は重いのでアルミ製のものが多く見られる。

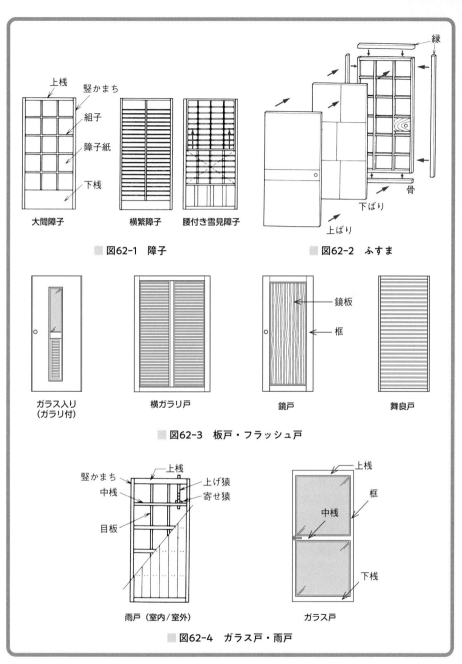

■ 図62-1　障子

上桟／竪かまち／組子／障子紙／下桟

大間障子　横繁障子　腰付き雪見障子

■ 図62-2　ふすま

縁／骨／下ばり／上ばり

ガラス入り（ガラリ付）　横ガラリ戸　鏡戸　舞良戸

鏡板／框

■ 図62-3　板戸・フラッシュ戸

竪かまち／上桟／中桟／目板／上げ猿／寄せ猿

上桟／框／中桟／下桟

雨戸（室内／室外）　ガラス戸

■ 図62-4　ガラス戸・雨戸

建具

確認問題　次の問題のうち，正しいものには○，誤りのものには×で答えよ.

解答は 167 ページ➡

□□① 木製建具の材質は，針葉樹が多く，ヒノキ，スギが代表格である.

□□② 木製建具に用いる木材は，よく乾燥させたものを使用する.

□□③ 木製フラッシュ戸のかまちに，含水率 18％ の人工乾燥木材を使用した.

63 金属製建具

住宅からビルまで，現代の建築で開放感のある空間をつくるために，開口部のデザインは重要で，金属製サッシが多用されている．大型ビルでは室内外の温度差や風雨の影響を避けるために，玄関に風除室を設置することが多い．また，大型のガラスドアには一般的なちょう番ではなく，**フロアヒンジ**が使用される．

1 アルミサッシ

金属製建具の代表としてアルミサッシがある．

① アルミサッシの長所

- **気密性が良好**で，冷暖房の効果が上がる．また，台風時の強雨風でもサッシ部からの雨漏りが少ない．
- **音を遮断**し，騒音を防ぐ性能が高い．
- 軽く，開閉が容易である．
- 塗装が不要で，美しい外観を保つ．
- 価格が比較的安い．

② アルミサッシの短所

- 気密性がよいため，冬の暖房時に換気不良を起こすので，定期的に換気を行う．
- **塩素，アルカリに弱く**，コンクリート面，鉄部と接触させておくと，腐食を起こして故障の原因となる．施工では**くぎ(釘)やビス類にアルミ専用のものを使用**する．コンクリート面に触れる部位には塗膜剤が塗ってある．
- 熱伝導率が高く，**結露**を生ずる．このため，壁仕上材にしみができることがあるが，複層ガラスを使用することで，サッシの内枠と外枠を断熱化することにより，結露を防止できる．

2 金属製雨戸

アルミサッシの普及につれて金属製雨戸の使用も増加した．アルミサッシに調和した金属製のほうが木製雨戸よりモダンで，色柄も多く，焼付け塗装なのでメンテナンスも簡単である点が評価を受けたようである．

① スチール製雨戸

厚さ0.3 mm程度の鋼板に焼付け塗装したパネルを使用する．パネルは幅9 cm前後の小割板状のものを縦羽目または横羽目にして組み合わせる．アルミ製より安価である．

② アルミ製雨戸

厚さ0.3 mm程度のアルミ板にアルマイト加工し，シルバーまたはブロンズ色に仕上げられている．アルミ製は耐久性に優れているが，価格がやや高くなる．

③ 断熱材入り雨戸

スチール製で，鋼板の間にウレタン樹脂を注入して断熱性，防音性を向上させている．

3 シャッタ

シャッタは，金属板を曲げ加工した**スラット**やパイプをつなぎ合わせ，収納時には巻き込んで場所を取らないように工夫したものである．可動性は，上下方向と水平（左右）方向のどちらかで，スラットの表面に商業建築では商店名や営業職種の図柄，宣伝のあるものを表現する場合が多い．

スラットのつなぎ合せにはオーバーラッピング方式とインターロッキング方式がある．

① 軽量シャッタ（JIS A 4704）

スラットの重量が15 kg/m^{2}以下のもので，簡単な構造のものが多く，商店のファサード，住宅の雨戸に使われている．軽量のため，風が吹くと振動で騒音を発する欠点がある．

② 重量シャッタ（JIS A 4705）

スラットの重量が15 kg/m^{2}以上のもので，重いため電動式で開閉する場合が多い．

大型店舗，銀行などで防護用に使う場合が多い．この中で，より正確な構造としたものに防火シャッタがある．

火災時の熱や煙を感知装置が検出すると，連動して自動的に開閉するものがある．

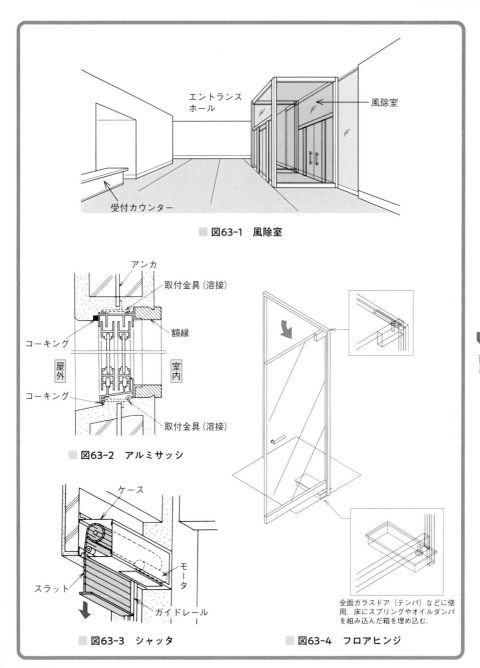

■ 図63-1　風除室

■ 図63-2　アルミサッシ

■ 図63-3　シャッタ

■ 図63-4　フロアヒンジ

全面ガラスドア（テンパ）などに使用．床にスプリングやオイルダンパを組み込んだ箱を埋め込む．

建具

確認問題　次の問題のうち，正しいものには○，誤りのものには×で答えよ．　　　解答は 168 ページ➡

□□ ① アルミサッシは，気密性が良好で，熱伝導率が低く，結露を防止する．

□□ ② アルミサッシは，アルカリに弱く，コンクリート面に触れる部位には塗膜剤が塗ってある．

□□ ③ スチール製雨戸は，鋼板に焼付塗装したパネルを使用する．

64 システム家具・システムキッチン

1 収納壁（システム収納）

① 収納の考え方

生活水準の向上に伴い，生活様式が多様化し，生活用品の種類，量ともに豊かになっている．建築に対するニーズでも，施主の希望は多様化しているが，この中で，収納の問題は大きな要素である．生活用品，電化製品，趣味などの持ち物が多くなったことに比べ，土地や家の大きさにあまり変化がなく，とくに都市部では，狭い中で生活している感がある．このような状況で考えなければならないことは，**必要なものを効果的に整理，収納**して，快適な生活空間を確保することである．

物をしまうことだけが「収納」ではなく，その必要度，大きさ，使用時期（夏物，冬物），重さなどを考慮し，必要なときにすぐに取り出せるように整理できることが大事である．

② 収納方法

収納方法には，従来の押入れと納戸の設置，たんすなどの置き家具の併用から，室内空間の効率化と美観を考慮して，壁面を利用した**システム収納**が普及してきた．

a. 置き家具型：一定のモジュール（規格）により構成されたボックス型家具を必要なだけ連結させて構成される．基本的には，ボックス，扉，引出し，ガラス戸，棚板，天板などを必要量と好みに応じて組み合わせるものである．家族構成や持ち物の増減に合わせて，設置場所の変更や追加ができる点が便利である．また，日本では押入れに物を収納する習慣がある．和式ふとんの収納には適しているが，雑多な小物類，本，資料などの収納には，奥行き，高さの寸法により使いにくく，合理的ではない．このため，押入れ内部にボックス，棚などを組み込める押入れ用家具も普及している．

b. 造作家具型：新築，増改築時に設計段階から検討して，構造体壁面に固定して造り付けられた家具である．注文品のものと，既製品を利用したビルトイン家具の2種類がある．壁面を目的別に区切って，棚や引出しが設けられ，整理がしやすい．

③ システム家具の材質

・収納内部は湿気によるかび，虫害に対して安全であること．断熱材などを入れ，熱による影響を遮断できること．

・防火性を有するようにセッコウボードなどの材料を使用する．

・美観のある材料を用いること．

以上のような点から，強度があり，狂いにくい合板系の材料の表面に銘木の薄板，樹脂などを加工したものが多く使用される．

2 システムキッチン

キッチンに設置される**システム家具**の一つともいえる．食生活が豊かになり，生活習慣も多様化したため，調理器具，食器が増加し，オーブンレンジ，大型冷蔵庫，食器洗い機などの電気製品も一般化した．また，ダイニングキッチン，リビングダイニングなど空間の利用方法も多様化し，カウンターを利用したオープン型や洗濯機やユーティリティの設置なども珍しくない．このような，調理の合理化，食後の始末，収納，美観，アメニティなどの要求から**システムキッチン**が普及した．

システムキッチンの構成は，流し台，調理台，こんろ台，ウオールキャビネット，フロアキャビネット，トールキャビネットなどのボックスを基本とし，これに調理器具，電気製品を組み込んでいる．材質は耐水・耐熱・耐油性のあるものが必要である．天板部分はステンレス板，人工大理石，耐熱加工の化粧合板，タイル張りなどもある．

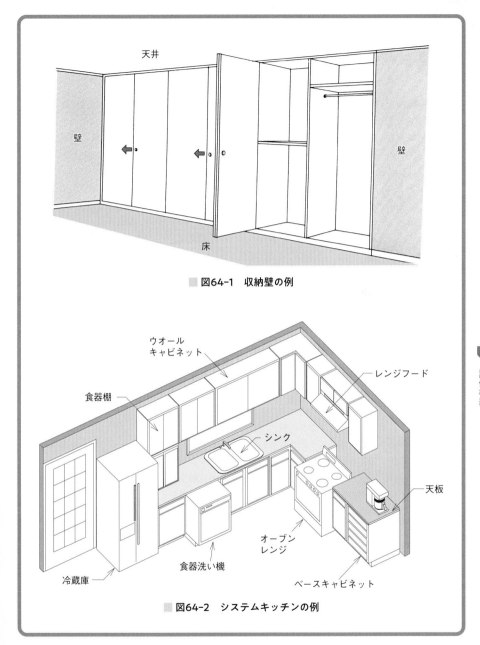

図64-1　収納壁の例

図64-2　システムキッチンの例

確認問題　次の問題のうち，正しいものには○，誤りのものには×で答えよ. 解答は168ページ➡

□□ ① システムキッチンとは，流し台・コンロ・調理台・収納等をワークトップでつなげ，一体となるように組み合わせたキッチンである.

□□ ② ペニンシュラ型キッチンは，家族や来客等，複数人で四方を取り囲んで調理ができる.

□□ ③ システム収納は，モジュール化された板や部品の組み合わせによる，統一された収納である.

65 浴槽・洗面化粧台

1 浴槽

① 浴槽の大きさと形

浴槽の大きさは幅，奥行き，高さ，深さで表示される．深さは内法寸法で，他は外形寸法である．家庭用には幅 90 cm×奥行き 70 cm，深さは和風で 60 cm 程度の大きさが標準寸法となる．形には和風，洋風，和洋折衷などがある．水量は大人 1 人に約 250 L 程度必要で，既製品には寸法や容量が表示されている．

② 浴槽の設置方法

a. 据置き型：浴室の床の上にそのまま浴槽を置く．設置費が安く交換も簡単であるが，床と浴槽の高さに差があり，使いにくい．

b. 落し込み型：浴槽を半分程度埋め込むもの．浴槽の材質をそのまま外に回したエプロン付きと，タイルなどで回りを施工する場合のエプロンなしがある．

c. 埋込み型：洗い場の床とほぼ同じ高さとなるように，浴槽を埋め込むように施工する．前述の二タイプより浴槽へ出入りが容易で，洗い場のスペースを有効に使えるが，施工費は割高となる．

③ 浴槽の材質

浴槽は直接，人間の肌に接するので，清潔で保温性，耐久性があり，掃除などのメンテナンス性，デザインを考えて選ぶとよい．

a. 木製浴槽：耐水性のあるヒノキ，サワラが多い．木は保温力に優れ，肌触りなど入浴感のよさがあるが，材料と技術の点で高価となっている．欠点として，腐りやすく，割れやすく，衛生上の問題もあり手入れが大変である．

b. タイル張り浴槽：タイルは耐水・耐熱性があり，デザインの自由度が高い．衛生上も好ましいが，保温力が悪く，目地の劣化でタイルのはがれが生じ，一般に工事費がかかる．寒冷地では寒冷地用タイルを使う．

c. プラスチック浴槽：肌触りがよく，一般にポリバスと呼ばれている．ガラス繊維にポリエステル樹脂加工した強化プラスチック（FRP）製は軽くて，保温力がよく，仕上りのきれいな点でよく普及している．しかし，汚れや傷がつきやすく，劣化する．

d. ほうろう浴槽：鋼板にほうろう仕上げとしたものである．保温力，耐久性はあるが，割れ目などからの錆に注意が必要である．

e. ステンレス浴槽：耐水性，耐久性があり，機能的に優れたものであるが，高価な点と金属の冷たいイメージが欠点である．

f. 陶器浴槽：洋風バスに適し，デザイン面はよいが，滑りやすく，保温性も低く，価格が高いので，一般的ではない．

2 ユニットバス

ユニットバスは浴槽とシャワーや洗面台，便器などの衛生設備を FRP 製ユニットにまとめたものもあり，工場生産により一体成型したキュービックタイプと，パネルに分解できるパネルタイプ，腰高までを一体成型したハーフユニットの 3 種類に分類される．施工の合理化と品質管理ができる一方，ユニットと排水部分との接合部で漏水，換気の点で問題がある．においやかびの発生に注意が必要である．住宅，ホテル，集合住宅で多く使用されている．

3 洗面化粧台

洗面器を備えた化粧台で，収納部分があるので便利である．洗面器を大型のものにし，ハンドシャワーを装備したものもあり，鏡，コンセントなどが付属している．

4 受水層

オフィスビル・集合住宅などの給水設備で，必要な水量を供給するために建物上部に置く場合もある．鋼製では錆に注意する．また，耐食性を考えた FRP 製などがある．

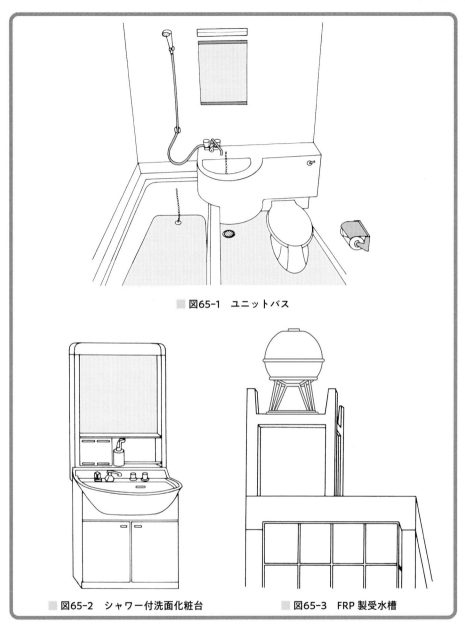

■ 図65-1　ユニットバス

■ 図65-2　シャワー付洗面化粧台　　　　■ 図65-3　FRP製受水槽

確認問題　次の問題のうち，正しいものには○，誤りのものには×で答えよ.　　　　解答は168ページ➡

☐☐ ① ユニットバスは気密性に優れており，湯が冷めにくく，暖かい空間を維持できるなどの特徴があるが，工期が長い.

☐☐ ② ステンレス浴槽は衛生的で丈夫なため，長く使うことができるが，熱伝導率が高いため湯がさめやすい.

☐☐ ③ 洗面台の高さは低すぎると腰を痛め，高すぎると肩が凝ったり，水が肘をつたって床が濡れたりするため，およそ身長÷2を目安とする.

66 照明計画

1 照明計画の基本

① 照明の流れ

　照明の起源は，人類が生活の中に火を取り入れた太古までさかのぼる．木材の可燃性を利用した松明（たいまつ）やかがり火は主に屋外用として使用され，室内空間に導入されるのは，奈良時代ごろに灯油（植物油）を使用して灯心を燃やす方法が普及してからである．

　室町時代には蝋燭（ろうそく）がつくられ，照明器具として移動可能な提灯や行灯がつくられる．明治時代に入り，海外から技術が導入され，ガス灯が登場する．東京，銀座通りのものが有名であるが，洋風建築や貴族の住宅にさまざまなデザインのものがつくられる．その後，電気が一般に普及し，電灯，蛍光灯へと発展してきた．現在ではガラス，プラスチック，金属を主な材料として，多彩なデザインの照明機器がつくられている．

② 照明計画の要点

- ・室内の用途に必要な明るさを検討する．
- ・目的と用途に合わせて照明方式を直接照明，間接照明などの中から選択する．
- ・電源，位置，スイッチ，数量などを検討し，用途に適するバランスやデザインとする．
- ・光源による**演色性**の違いを考慮する．

2 光源の種類

　電気エネルギーを光に変える**光源の種類により特性が異なり**，適材適所を考える必要がある．大別して白熱電球と放電ランプがある．

① 白熱電球の特徴

- ・暖かく落ち着いた光を発する．
- ・蛍光灯のような安定器が不要で，点滅が速い．照明の効率は悪く，寿命が短い．
- ・発熱のため，冷房負荷が大きい．
- ・演色性がよいので，ロビー，喫茶室，飲食店などの光源に用いられる．

② 放電ランプの特徴

- ・効率が高く，高照度のものがある．
- ・安定器を必要とし，取付位置を考慮する．
- ・発熱が少なく，寿命が長い．

③ 放電ランプの種類と用途

- **a. 蛍光ランプ**：均一な照度を得たい場合に使用する．効率が高く，価格も安価なので，事務所，学校などに多く使用されている．器具寸法が大きく拡散光のため，スポットのように1点に集光して使用することには不向きである．
- **b. 水銀灯**：小型で広い空間を明るくするが，始動に数分の時間がかかる．また，演色性が劣り，食品がおいしそうに見えない欠点がある．体育館，屋外空間に使用される．
- **c. メタルハライド・ナトリウムランプ**：効率が高く，省エネルギータイプである．工場，道路などの屋外空間に使用される．
- **d. LEDランプ（Light Emitting Diode）**：1990年代後半に開発が進み，消費電力が少ないことから2011年の東日本大震災以降に普及した．ランプ寿命が長く，発熱少ない．

3 照明方式

　照明は**配光の方法**により以下のように区分される．設置する空間の用途に応じて用いる．

① 直接照明

　光源が一方向を明るくする露出型のものである．明るいが，まぶしく，目が疲れる．

② 半直接照明

　主に直接光で明るくするが，シェードを通して周囲もやや明るくする．

③ 全般拡散照明

　器具全体が発光し，周囲を均等に照らす．

④ 間接照明

　光源を露出させずに，反射光により空間を明るくする．まぶしくなく，落ち着く．

	直接照明	半直接式	間接式	半間接式	全般拡散式
上向き光束	0〜10%	10〜40%	90〜100%	60〜90%	40〜60%
照明方式					
下向き光束	90〜100%	60〜90%	0〜10%	40〜10%	60〜40%

▓ 図66-1　照明方式

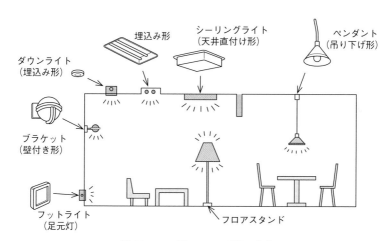

▓ 図66-2　照明器具の種類（例）

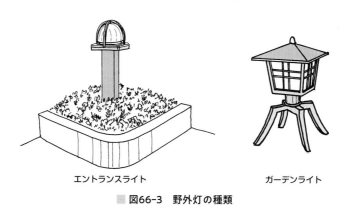

エントランスライト　　　　　　　ガーデンライト

▓ 図66-3　野外灯の種類

設備機器

確認問題　次の問題のうち，正しいものには〇，誤りのものには✕で答えよ.　　　　解答は 168 ページ➡

☐☐ ① 照明光源は，色温度が低いほど白く青みを帯び，色温度が高いほど黄色から赤みを帯びる.

☐☐ ② LED ランプは，高効率で他の照明器具に比べ寿命が長く，省エネに役立つ.

☐☐ ③ 不快グレアとは，視野に輝度が高い光が入ることによって，不快感を生じさせるまぶしさをいう.

133

1 空気調和設備

　住宅で快適に過ごすためには，部屋の窓を開けて換気を行い，エアコンやヒータをつけて温度調節する．事務所や店舗などのビルの場合は，これらを大規模な装置で一括して調整する空気調和設備を設けることにより，快適な空間を生み出している．空調の方式により多くの種類があるが，ここでは代表的な設備について解説する．

① ボイラー

　主に都市ガスを燃料にして高温の温水や蒸気をつくり出し，暖房や給湯などに使用する．低圧のセクショナルボイラーやより大規模な建築に適する熱量の大きい炉筒煙管ボイラー，水管ボイラーなどがある．

② 冷凍機

a. 圧縮式冷凍機：**代替フロンガス**などを冷媒に用い，それが膨張するときに周囲の熱を奪うことで冷水を生み出し，冷房に使用する．圧縮方法により往復動（レシプロ）型，大容量のターボ型などがある．また，冷媒の膨張・圧縮を逆転させて効率よく暖房もできるものを**ヒートポンプ**という．

b. 吸収冷凍機：冷媒に水を使い，水が蒸発するときに気化熱を奪う原理で冷水をつくり出す．蒸発させるときの熱を利用して温水をつくり出し，暖房もできるようにしたものを直だき吸収冷温水機という．

c. チリングユニット（チラー）：圧縮式冷凍機の機構をコンパクトに一体化した冷凍機であり，小規模のビルなどに使われる．

③ 空調機

a. エアハンドリングユニット：外気から新鮮な空気を取り込み，ボイラーや冷凍機などの熱源でつくられた温水・冷水により温度調節して，送風機で各室に送り出し，ビル全体の空調を行う．

b. ファンコイルユニット：熱源から送られた冷媒で室内空気の温度を調節する．換気効果はないが，部屋ごとの温度調整ができる．

c. パッケージユニット：空調のための装置を一つの箱にまとめた装置で，これを小型化したものが住宅用エアコンである．個別の温度調節に優れているが，装置を必要な室ごとに設置するので費用が高くなる．

2 送風設備

　温度調節された空気は，多翼送風機（シロッコファンという）により送風される．これは換気扇のような軸流式送風機と違い，騒音が小さな割に高圧で大きな風量が得られるので，多く使われている．

　送風は，亜鉛鉄板製のダクトを通り，必要な階や部屋に振り分けられる．ダクトの断面形状は，縦・横の寸法の比率（アスペクト比という）が4倍を超えない範囲で決められた長方形が多く，天井裏などの狭い空間に配管しやすいように工夫されている．

　室内で実際に目にする空調設備は，送風を室内に吹き出すディフューザであり，以下のような種類がある．

a. アネモスタット：円形または角形で，送風を広く均等に分散させるために1〜3層の方向板がついている．

b. レジスタ：長方形の吹出し口に風向調整の格子状の羽と風量調整のシャッタをつけたもの．

c. ブリーズライン：細長いスリット状の吹出し口を天井の窓近くに取り付けることで，日差しによる熱を緩和できる．

d. パンカルーバ：円形の吹出し口により，風向を変化させてスポット的に一点に風を送ることができる．

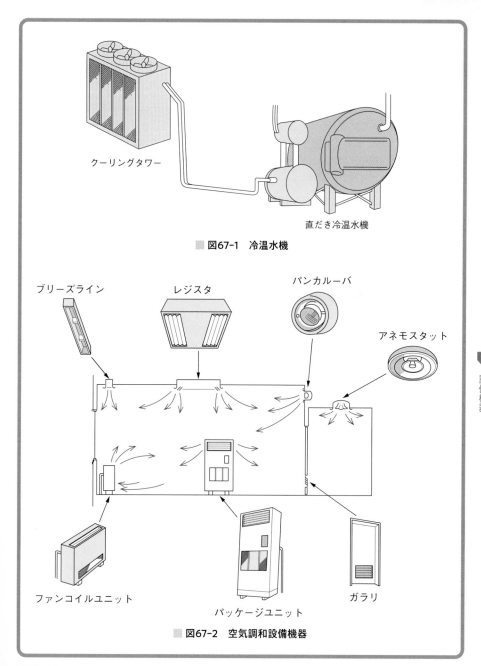

クーリングタワー

直だき冷温水機

■ **図67-1　冷温水機**

ブリーズライン　　　　　レジスタ　　　　　　パンカルーバ

アネモスタット

設備機器

ファンコイルユニット

パッケージユニット

ガラリ

■ **図67-2　空気調和設備機器**

確認問題　次の問題のうち，正しいものには○，誤りのものには×で答えよ.　　　解答は 168 ページ➡

□□ ① ヒートポンプは，圧縮式冷凍機を逆転して効率よく暖房もでき，省エネが期待できる.

□□ ② ファンコイルユニットは，冷水・温水を用いて部屋ごとに温度調節と換気ができる.

□□ ③ 温度調節された新鮮空気を室内へ均等に分散させるためには，パンカルーバーを用いる.

68 消防設備

万が一の火災のときに高層のビルでは避難および消火活動がしにくいので、あらかじめ消火の設備を整えておく必要がある。さらに、それらの機械を作動させるために非常用電池や発電機なども設置しておく。

1 警報設備

火災が発生した時に真っ先に必要になるのが、火災発生の連絡や火災場所の確認である。ビルでは火災の熱や煙を感知器が自動的に感知するか、人間が壁に設置された発信機を押すことで発報され、その情報が中央管理室の自動火災報知設備に送られる。直ちに非常ベルが鳴り、消防署へ通報され、非常放送設備による細かい指示や避難誘導の案内が放送される。住宅では各居室の**住宅用防災警報器**が発報して住人へ知らせる。

2 消火設備

① 消火器および簡易消火器

火災の初期消火を目的として各階の 20 m 以内ごとに配置される消火設備で、その能力を単位として表している。

- **a. 水バケツ**：8 L の水が入ったバケツを 3 個設置する（1 単位）。
- **b. 水槽**：80 L の水槽と 8 L のバケツ 3 個を設置する（1.5 単位）。
- **c. 乾燥砂**：50 L の乾燥した砂にスコップを 1 本設置する（0.5 単位）。
- **d. ABC 粉末消火器**：一般火災（A）、油火災（B）、電気火災（C）に対応できる圧縮ガス噴射式の粉末消火器 1 本を設置する（10 型の消火器で 3 単位）。

② 屋内消火栓設備

発信機、非常ベル、消火栓、ホースで構成された屋内消火栓箱として配備されている。発信機のボタンを押すことで発報され、ビルに設置された防火水槽や受水槽のポンプが始動して消火用水が汲み上げられる。

折りたたまれていたホースを伸ばし、消火栓を開けることにより大量の水を連続して噴出できるので、炎が天井に達するような火災に対して有効である。1 号消火栓ならば半径 25 m の範囲を、2 号消火栓ならば半径 15 m の範囲を消火できるので、各階ごとに適切に配置する。

③ スプリンクラー

専用ポンプで送られた消火用水を、天井の配管を通り一定間隔（半径 2.3 m が消火範囲）に取り付けられたスプリンクラーヘッドから噴出して初期消火を行う。一般的には、水がヘッドまできており、ヘッドのヒューズが熱で溶けると直ちに水が噴出される**湿式閉鎖型**が用いられているが、寒冷地で凍結の恐れがある場合は圧縮空気を封入した乾式閉鎖型や、一斉に散水できるよう配管に取り付けたバルブの操作で水が噴出する開放型などもあり、使用目的により使い分けている。

④ 連結送水管

建物に設置された送水管に地上階から消防ポンプ車などで水を送り、必要な階の放水口から取り出して消火したり、スプリンクラー設備に給水したりする設備であり、その送水口を**サイアミーズコネクション**という。

3 避難器具

逃げ遅れた人ができるだけ早く安全に避難するための設備として、第一に誘導灯や非常用照明があげられる。これらに導かれて非常階段から建物外部へ避難するが、高層階で逃げ遅れた場合は、緩降機（5 階程度）や救助袋（10 階程度）などで窓から滑り降りたり、ベランダに設置された避難はしごで一階ずつ降りたりする。

やむをえずに、建物の上階へ逃げた場合は、屋上に設置した避難橋で隣接するビルに避難するか、そこで救助を待つ。

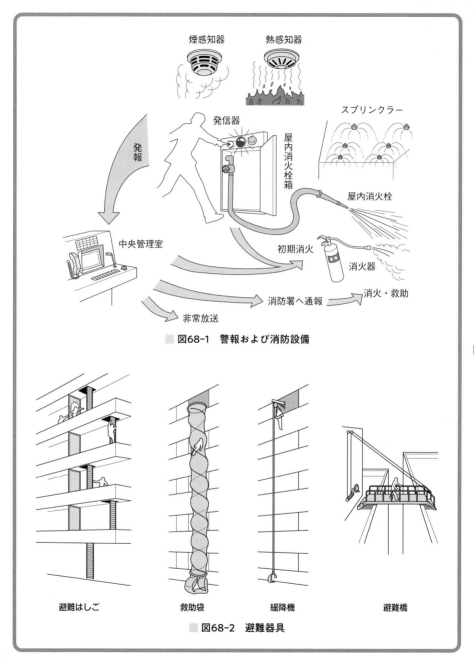

図68-1　警報および消防設備

避難はしご　　　救助袋　　　緩降機　　　避難橋

図68-2　避難器具

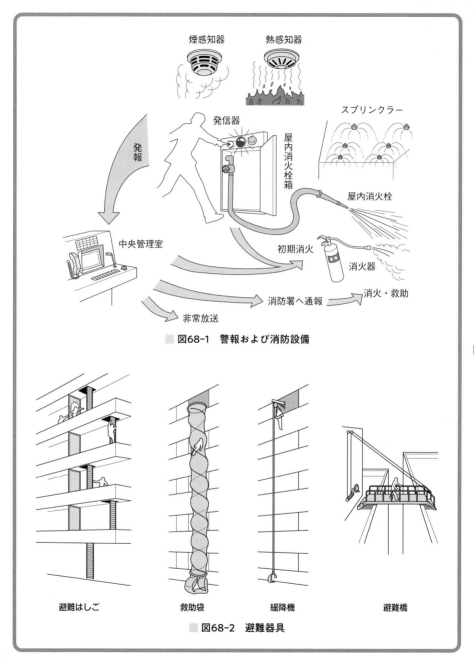

設備機器

確認問題　次の問題のうち，正しいものには○，誤りのものには×で答えよ．　　　解答は168ページ➡

☐☐① 一般家庭に常備する消火器として，油や電気による火災でも使用できるABC消火器がよい．

☐☐② 屋内消火栓設備には，煙や熱を自動的に感知して発報する自動火災報知機が付いている．

☐☐③ 住宅には，各居室に煙や熱を感知して発報する住宅用防災警報器を設置する必要がある．

137

69 エレベータ・エスカレータ

1 エレベータの発達

建築物の高層化に伴い，垂直方向への移動，すなわち昇降装置の重要度が増してきている．また，空港や鉄道駅などの交通施設や百貨店などの商業施設では，多様な人が移動できるエスカレータ設備も一般化している．

人工的な昇降装置はローマ時代からあったと思われる．これらは主にロープを人や動物の力によって引っ張り，物を上下させていたようである．1200年ごろにはフランスの教会でロープをドラムに巻き付けて昇降させる装置がつくられ，現存するもので最古といわれる．続いて17世紀，パリでドラム式の乗用エレベータが発明されるが，動力は人間によるものであった．19世紀の前半に機械動力によるエレベータがイギリスで開発されるが，安全装置（落下防止装置）はまだ付いていなかった．

安全装置を開発し，近代的エレベータ装置の先駆となったのは，1853年，アメリカ人のエリシャ・グレーブス・オーチスで，ニューヨーク万国博においてデモンストレーションを行い，これ以降エレベータは一般に普及し始める．さらに電動モータが開発され，電気的に運転操作を自動化することに成功する．日本では明治23年（1890年）浅草の凌雲閣が最初にエレベータを設置したといわれる．

20世紀に入り，第二次世界大戦を経ると，電子工学の飛躍的な進歩により，複数のエレベータを停止階や交通需要に合わせる群管理エレベータが開発された．

2 エレベータの機能，構造

エレベータは**ロープ式**，**油圧式**，**リニアモーター式**があり，油圧式は通常5階建程度までに用いられる．また油圧を用いるので，エレベータシャフトと機械室が離れていても可能である．一般にはロープ式が多く，次のような種類がある．

① 直流可変電圧式

直流電気の電圧を制御して，速度を自在に変化させ，エレベータ速度をスピードアップさせると同時に，希望階に止まる精度も向上させたもので，高層建築用である．昇降速度は100 m/min以上あり，頻繁に運行，停止を繰り返す使用方法にはあまり向かない．価格が高い．

② 交流式

中層（6階程度）以下の低速用エレベータに使用される．速度が一定で着床の精度もやや落ちるが，価格は安い．

ロープ式エレベータは従来，上部に機械室を設け，かごと釣合おもりをロープで結び，モータを用いて昇降させているが，技術開発が進み，機械室を上部に設けない方式も開発されている．

設計上は，着床の際にエレベータ停止位置がずれる場合もあるので，衝突防止のために上下に空間的な余裕を設ける．最上階の上部を**ヘッドクリアランス**，最下階の下部を**エレベータピット**という．

3 エスカレータ

多数の人間を輸送する能力ではエレベータより優れており，周囲の視認性もよいことで，駅，空港，商業施設などで多用されている．

エスカレータの構造は，階段状に連結した金属ステップを上階部に設けた駆動機で作動させる従来型のものと，中間部の傾斜トラス内に駆動機を設置し，コンパクトに設計したリニア型の2種類がある．幅には1 200 mmと800 mmがあり，**傾斜角度は約30°**である．

また，車椅子使用，高齢者への対応としてバリアフリーの考え方から，空港や駅などの公共施設ではエスカレータを応用して，水平に動く歩道（オートウォーク）や斜面状に動くオートスロープなどが設置されている．

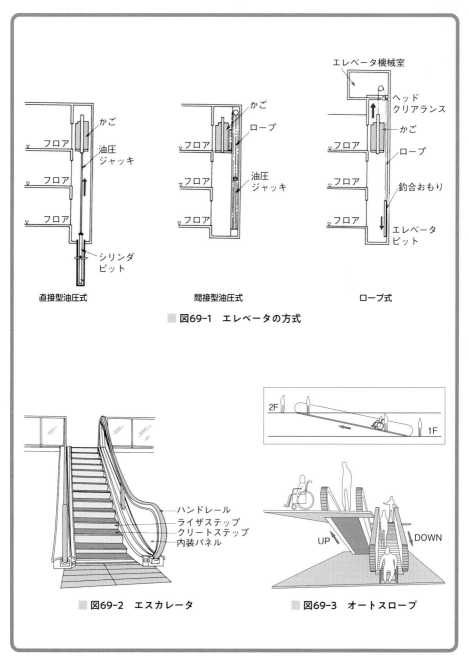

かご

フロア

油圧
ジャッキ

フロア

フロア

シリンダ
ピット

直接型油圧式

かご

ロープ

フロア

油圧
ジャッキ

フロア

フロア

間接型油圧式

エレベータ機械室

ヘッド
クリアランス

かご

フロア

ロープ

フロア

釣合おもり

フロア

エレベータ
ピット

ロープ式

■ 図69-1　エレベータの方式

ハンドレール
ライザステップ
クリートステップ
内装パネル

■ 図69-2　エスカレータ

2F

1F

UP　　　　　DOWN

■ 図69-3　オートスロープ

設備機器

確認問題　次の問題のうち，正しいものには○，誤りのものには×で答えよ.　　　　解答は 168 ページ➡

□□① 機械室なしタイプのエレベーターは，建築上部の突出物がないため，高さ制限の影響を受けにくい.

□□② 油圧式エレベーターは，油の圧力を利用して昇降させるエレベーターで，機械室が必要となる.

□□③ ロープ式エレベーターは，ロープを使ってかごを昇降させる，電動モーター式のエレベーターである.

70 門扉（もんぴ）・カーポート

1 外構の要点

建築の建っている土地を敷地といい，敷地の端部は道路や隣家と接している．一般に，建築を建てる場合，外部（出入口，庭など）を工事が終了してそのままにすることはなく，庭や門をつくり，周辺を生垣，フェンスなどで区画する．これらを**外構**という．美しい建築のデザインには，それに見合うデザインの門，庭などが必要である．

また，公共の空間との接点でもあるので，自分勝手なデザインは慎しむべきで，周囲の環境と調和したものがよい．地域によっては，塀の高さや材質などを制限して，環境美化に努めている場所もあるが，画一化を図るだけでなく，個性も尊重して変化のある街並みをつくることも大事である．

2 門

門は敷地の玄関である．2本の柱だけで門とする場合もあるし，屋根の付いた大型の門まで多種多様であるが，住人，建物の名称を表示する役割を持つので，建築に見合うデザインとすることを心掛ける．**門は門柱，門扉，屋根で構成される**．

① 門柱の機能と材質

門柱は，出入口として周囲との区画を明確にし，建築内部と外部の連絡をとるために，表札，インターホン，郵便受け，照明器具などが必要により取り付けられる場合が多い．

したがって，一定以上の強度を有し，安全な構造でなければならない．材料には木，石，コンクリート，れんが，金属などが使用されるが，耐候性のよいものを選ぶ．

② 門扉の機能と材質

門扉の形状には，開戸，引戸，折戸，アコーディオン型などがある．

扉は防犯上，強度と耐久性が必要で，かんぬきやシリンダ錠を取り付ける場合もある．

開閉回数が多く，重さもあるので，扉の材質だけでなく，扉を門柱に留める金具（丁番）にも耐久性が必要である．自動車の出入りのために大型扉を使用する場合は，軽量なアルミ合金製で，耐候性のあるものを用いる．

③ 屋根

門に屋根を付けると大きな視覚効果が得られるが，それだけに質素なデザインを心掛けたい．構造は木，コンクリート，金属が多く，仕上げには，日本かわら，銅板，長尺金属板などが使用される．

3 塀

敷地周囲を囲むことで，境界の明示と防犯を目的としている．大規模なものには，中世ヨーロッパの都市の城壁，中国の万里の長城などがある．

使用する材料は，強度，耐候性，耐火性，美観，メンテナンス性，価格などを考慮して用いる．とくに価格は，単価が安くても，量的にたくさん必要となるので検討を要する．

代表的な材料と性質について述べる．

a. 木材：工作が容易であるが，腐食しやすく塗装が必要である．ラワン材はペンキを塗ると目が出るので適していない．

b. 石材：自然石を積む場合とコンクリート下地に薄板をはる場合がある．御影石や大谷石が代表的である．自然の色調があり，堅硬性はあるが高価である．

c. コンクリート：コンクリートを素材としたものには，コンクリートブロック，コンクリート成型板，現場施工コンクリートなどがあり，仕上げだけでなく，タイル，石，塗装による表面仕上げの下地に使用される．

d. 金属：パイプ，板材，線材を加工して使用する．耐候性を考慮し，アルミニウム製で現代的なデザインのものが多い．

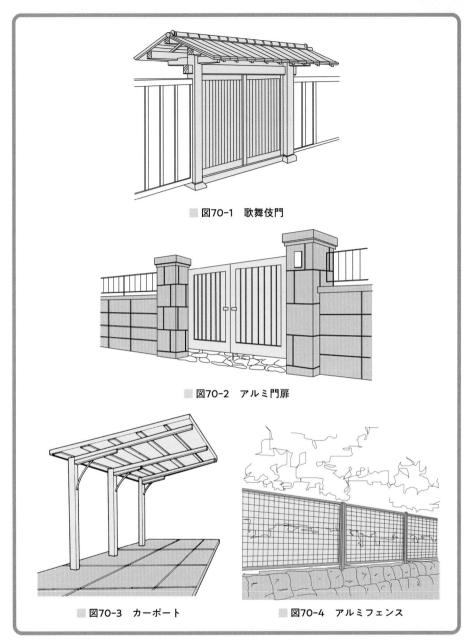

■ 図70-1　歌舞伎門

■ 図70-2　アルミ門扉

■ 図70-3　カーポート

■ 図70-4　アルミフェンス

確認問題　次の問題のうち，正しいものには○，誤りのものには×で答えよ.

解答は 168 ページ➡

☐☐① 鉄製素材の門扉は重厚感があり経年劣化がなく，メンテナンスが不要である.

☐☐② 補強コンクリートブロック造は，コンクリートブロックをセメントで接着補強して，積み上げてつくる.

☐☐③ 補強コンクリートブロック造や組積造は，建築基準法により高さと構造に規定がある.

141

1 仮設の概要

仮設物は本体の建築物を施工するために補助的に設けられる施設で，工事の終了とともに取り払われる．工事敷地内と一般の人々が通行する外部を隔てる**仮囲い**，**現場事務所**などや，工事の進捗状況につれて変化する**足場**，**工事用構台**，**仮設道路**などがある．

施工の円滑化と安全性を図ることを目的とするため，以下の項目に注意する．

- ・所定の強度，寸法があること．
- ・扱いやすく，視認性がよいこと．
- ・傷，割れ，腐食などの欠点がないこと．
- ・再使用が多く，メンテナンスに注意する．
- ・組立て式のものは接合部に注意する．
- ・留付けは確実に行い．落下事故を防止する．

2 仮設資材の種類

① 仮囲い

建設現場には，工事関係者以外は立入り禁止，落下物による危害と盗難防止のために，高さ1.8 m以上の仮囲いを設けることが建築基準法で定められている．

材料は防炎シートや鋼製パネルが多く，出入り口には，大型トラックの出入りを想定して高さ4 m，間口6 mほどのアコーディオン形状のパネルゲートが使用される．

② 現場事務所

軽量鉄骨を骨組みとしたプレハブ形式のものが多い．内部には事務機器や打合せ設備のほかに，冷暖房，簡単な厨房，シャワー室，洗面所，トイレなどの設備を備える．

③ 足場

足場には一側足場，本足場，**枠組足場**などがあり，次のような材料が使用されている．

- **a．丸太**：直立した人間の目の高さで測った太さ（目通り径）が10 cmほどのスギ，マツ材で樹皮を除いたものを使う．

- **b．番線**：丸太足場を緊結するためのなまし鉄線で，太さ3.2 mm以上のものを使う．

- **c．足場板**：幅24 cm，長さ2～4 mの合板または鋼製のものが多い．作業床にする場合は，幅を40 cm以上にするため2枚並べる．

- **d．単管**：JIS規格品のSTK500（引張強さ500 N/mm^{2}以上）を使用する．交差部にはクランプ（直交型や自在型），ジョイント，単管ベースなどを用いて足場を組み上げる．

- **e．ブラケット**：足場を地面から立てにくい場合に片持ちで張り出す鋼製の腕木をいう．

- **f．枠組足場**：ジャッキベース，建枠，筋かい（ブレス），布枠など工場生産された部品を現場で縦横方向に必要量を連結し，足場とする．枠組足場は単管足場と比較して，組立て・解体作業が容易で，強度も高く，安全性が高いので普及している．

- **g．つり足場**：鉄骨造建築において，はりの部材から太さ5.7 mm以上のチェーンや鋼製吊り枠（ハンガーという）をぶらさげて，足場板を掛け渡したものである．

④ 工事用構台

- **a．乗入れ構台**：地下工事のときにトラックやバックホウなどの建設機械が作業する構台で，H形鋼で構造体をつくり，その上に覆工板で作業床を敷設する．

- **b．荷受け構台**：工事の資材を仮置きするために，H形鋼や鋼管と足場板を用いて必要な階へ構台を設ける．

⑤ 養生シート（シート・パネル）

建設現場で多用途に使用される保護シートやパネルがある．

- ・床や壁などの仕上面を保護する．
- ・建設現場周囲への騒音を低減させる．
- ・塗料，粉じんなどの飛散を防止する．
- ・コンクリート打設後の硬化不良を防止．
- ・工具や材料の落下による事故防止など．

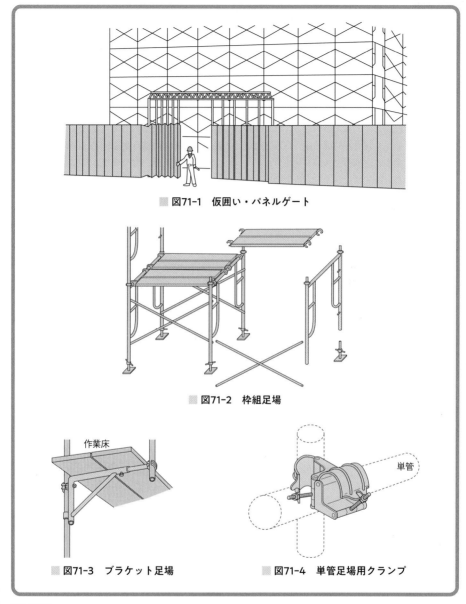

■ 図71-1　仮囲い・パネルゲート

■ 図71-2　枠組足場

作業床

■ 図71-3　ブラケット足場

単管

■ 図71-4　単管足場用クランプ

確認問題　次の問題のうち，正しいものには○，誤りのものには×で答えよ．　　　　解答は168ページ➡

☐☐ ① 工事現場における材料の保管に関して，鉄筋は直接地面に接しないように，角材の上に置き，シートで養生して保管する．

☐☐ ② 工事現場における材料の保管に関して，セメントは吸湿しないように，倉庫内に上げ床を設けて保管する．

☐☐ ③ 工事現場における材料の保管に関して，打放し仕上げに用いるコンクリート型枠用合板は，直射日光に当てて，乾燥させてから保管する．

143

72 環境と建築

1 人間を取り巻く環境

地球という星が誕生してから40億年以上の時間が経過しているといわれる．私たちの想像をはるかに超えた時間の中で，水と大気と生命が生まれ，やがて人間が生まれた．

地球の長い歴史に比べると，人間の歴史はまだ，始まったばかりといえるであろう．

かつて，人間は自然の恵みにあふれた環境の中に生活していた．生産技術が発達すると，協力して集落をつくり，次第に発展して都市をつくるようになり，自然環境から人工的環境を形成するようになった．

自然のサイクルと異なる，人工的な環境が広がるにつれて，人間にとって都合がよくて便利な生活を可能としたが，その差から**資源や環境汚染などの諸問題**が発生した．20世紀の後半から公害問題という形で，人間の住む環境について問題提議がされ，次第に問題点が明確となるにつれて，個人の共通した身近な社会問題として認識されるようになった．

さらに，コンピュータの発達とともに建築をつくることが，従来の専門分野だけで成り立つものではなく，社会性や医学的な視点，幼児から老人までを包括した豊かな人間性を総合して，多方面の専門家の協業により築くものと考えられようになった．

建築材料の分野にとどまらず，広く社会の動きをとらえ，基本的知識を身に付けることは今後の建築を考える上で重要である．

2 環境資源と生産，リサイクル

建築は社会生活の基盤をつくる生産行為であるが，同時に木材，鉄，コンクリートなどの資源とエネルギーを大量に消費する行為ともいえる．したがって，建築を設計するにあたり必要以上に環境を壊したり，無用に立派な空間や装飾を行うことで，資源を無駄にしないよう注意が必要である．

① 資源の有効利用

木材，石油・鉄などの資源は大切であるが，再生産が可能なものと不可能なものがある．**資源は計画的に使用する**配慮が必要である．

② 資源の再利用（リサイクル）

鉄・木材などで再利用可能なものは選別して使用する．とくに，これまで使用しなくなると廃材としていた鉄筋コンクリートのリサイクルは研究段階から実用化へと動き出している．

③ 資源の再生と環境保護

木を育てることを「生産」，木を使うことを「消費」と考えた場合に生産が消費を上回る状況であれば環境破壊は少なくてすむ．消費が生産を上回れば，環境は破壊される可能性がある．生産と消費のスケールが調和していないのである．

木材を計画植林し，森林の再生を図ることは，建築だけでなく**地球環境の生態系を保全**することにつながる．

3 建築と人間，シックハウス

技術の発達につれて新たな問題も生じた．それは，建築に使用する材料の中には人体に有害な物質が含まれている場合があり，限度を超えると皮膚炎などのアレルギー症状を起こす．放置すると次第に悪化し，その建築内で生活できないこともある．「**シックハウス**」といわれ，原因となる化学物質を使用しない建築工法の普及が望まれている．

4 高齢化とバリアフリー

活力のある社会は老若男女を問わず，相互に協力して知恵を出し合い，生活環境を豊かにする．そのため，老人や身体に障害を持つ人々が安心して生活できるよう，建築空間に工夫が必要である．誰でも利用できるように建築に障壁をなくすことを**バリアフリー**といい，その設計を**ユニバーサルデザイン**という．

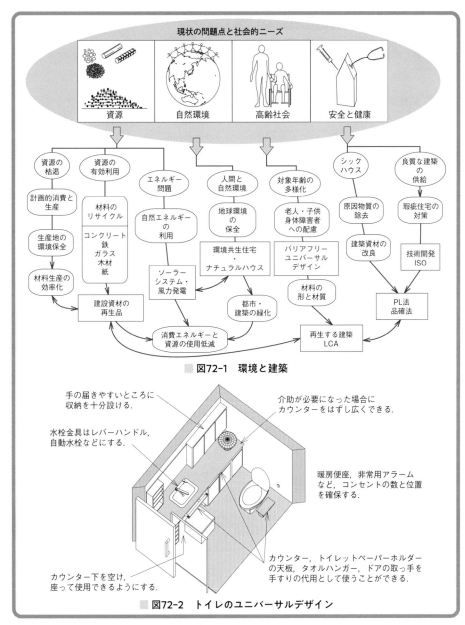

図72-1　環境と建築

図72-2　トイレのユニバーサルデザイン

図72-1の各要素:

現状の問題点と社会的ニーズ

資源　自然環境　高齢社会　安全と健康

資源の枯渇 / 資源の有効利用 / エネルギー問題 / 人間と自然環境 / 対象年齢の多様化 / シックハウス / 良質な建築の供給

計画的消費と生産 / 材料のリサイクル / 自然エネルギーの利用 / 地球環境の保全 / 老人・子供身体障害者への配慮 / 原因物質の除去 / 瑕疵住宅の対策

生産地の環境保全 / コンクリート　鉄　ガラス　木材　紙 / 環境共生住宅・ナチュラルハウス / バリアフリーユニバーサルデザイン / 建築資材の改良 / 技術開発 ISO

材料生産の効率化 / ソーラーシステム・風力発電 / 材料の形と材質 / 技術開発 ISO

建設資材の再生品 / 都市・建築の緑化 / PL法 品確法

消費エネルギーと資源の使用低減 / 再生する建築 LCA

図72-2の各注記:

手の届きやすいところに収納を十分設ける.

水栓金具はレバーハンドル,自動水栓などにする.

介助が必要になった場合にカウンターをはずし広くできる.

暖房便座,非常用アラームなど,コンセントの数と位置を確保する.

カウンター下を空け,座って使用できるようにする.

カウンター,トイレットペーパーホルダーの天板,タオルハンガー,ドアの取っ手を手すりの代用として使うことができる.

確認問題　次の問題のうち,正しいものには○,誤りのものには×で答えよ.　　　解答は168ページ➡

□□ ① アクティブデザインとは,自然や環境の持っているエネルギー(日射・気温・風・雨水・地熱等)を上手に取り入れて,設計する建築の手法をいう.

□□ ② CASBEE は,建築物の「省エネルギー性能」を評価するシステムである.

□□ ③ $LCCO_2$ とは,建物のライフサイクル(企画~施工~運営~解体)を通して排出する二酸化炭素の総排出量を示したものである.

73 木質材料のリサイクル

1 建設資材リサイクル法

正式な名称は「建設工事に係る資材の再資源化等に関する法律」といい，平成12年に制定された．この中で特にコンクリートおよびそれと鉄の混ざった廃材や木材は**特定建設資材**に指定されているので，分別解体および収集し，それを新たな建設資材の原材料として活用したり，資材をつくる燃料として再利用することが求められている．

① 建設業者の責務

・設計の段階で廃棄物の少ない資材を選ぶ．
・廃棄物の発生を抑える施工方法を選ぶ．
・リサイクル資材を積極的に提案する．
・建築物を長期使用に耐える設計とする．

② 発注者（施主）の責務

・リサイクル費用を適正に負担する．
・リサイクル資材を積極的に購入する．
・建築物を長期にわたり維持・管理する．

③ 建設資材の製造者の責務

・リサイクルおよび分別解体が困難となりそうな素材を使用しない．
・工場での加工や寸法の規格化による端材の発生を抑制する．

④ 国および公共団体の責務

・リサイクルの研究開発・資金確保・規格の策定などを推進する．
・公共工事におけるリサイクルの奨励．

また，建設資材には他の産業廃棄物から新たに生まれるリサイクル資材も多く存在する．今後は廃棄物をすべて再利用して循環型社会とするために，建設業界もいっそう努力しなければならない．

2 木材のリサイクル

木材は木の加工製品や，工場の燃料として再利用されることがほとんどである．伐採された木は角材や板材として製材されるために枝や樹皮がはがされ，使用できない余分なところが取り払われる．また，加工する段階で必要な長さに切断したり，細工を行うことにより端材が生ずる．これらは木質繊維の状態までほぐされて，木質繊維板やパーティクルボードとして利用されてきた．さらに，古い家屋の解体廃材なども燃料材として再利用するだけでなく，再生資材として積極的に木造建築の柱やはりへ再び役立てようとする傾向が高まってきた．ここでは，新たに実用化され始めたリサイクル方法について解説する．

① 壁紙（クロス）

桐や桧のように木目の上質さや芳香のよさを持つものは，薄くはいで壁紙にはり付けてクロスとして使用する．天然木材を表面積の大きい壁全体にはり巡らすことにより，気分を和らげ快適な室内にすることができる．

② 木炭調湿材

廃棄木材を炭化させて木炭とし，それを床下に敷き込むことにより室内の消臭と湿気の防止を図る．ほぼすべての廃棄木材から不純物を取り除いて，樹種ごとに適した温度で燃焼することにより，良質な木炭が得られる．

③ セルロース断熱材

木材の端材や古紙などを木質繊維までほぐして，壁や天井裏に敷き詰めることにより，断熱効果が得られる．シート状に成形されたものをはり込む工法と，施工箇所に雪を積もらせるように吹き込む工法がある．

④ 複合木材

廃棄木材を繊維状にしたものに廃棄プラスチックを混ぜ合わせて木質調に固めたもの．木の弱点である腐れ・経年変化による反り・材料の不均質・寸法の制約などを克服し，かつ，擬似木材として木の質感や肌触りが保てる．耐候性に優れることから外部に面するサッシやデッキ，パーゴラなどに使用される．

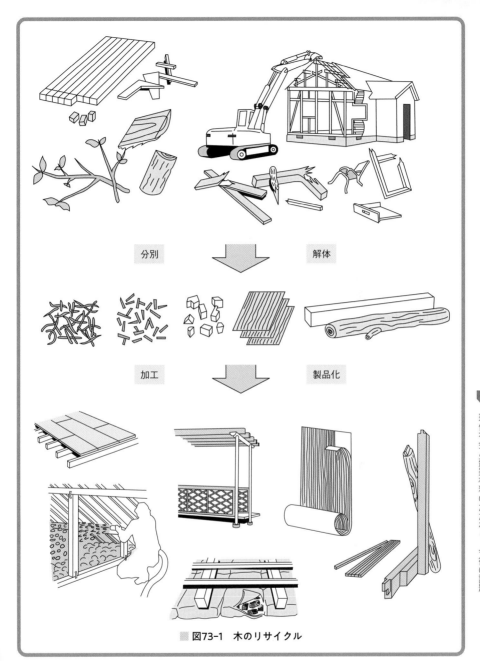

分別　　　　解体

加工　　　　製品化

■ 図73-1　木のリサイクル

確認問題　次の問題のうち，正しいものには○，誤りのものには×で答えよ．　　　　解答は 169 ページ➡

□□① 建設リサイクル法において，木・コンクリート・鉄などは特定建設資材に指定されている．

□□② 古い木造家屋の解体工事で得られる断面の太い木材は，新たな柱やはりとして活用できる．

□□③ 造り付け家具や敷居・鴨居・建具などの木材は，リサイクルできないので廃棄する．

147

74 コンクリートのリサイクル

コンクリートは，建設工事になくてはならない材料である．コンクリート造の建物はもちろんのこと，木造や鉄骨造の建物においてもその基礎や地業・地下室・外構などに必ずコンクリートが使用されている．そのため，使用されるコンクリートの量や建替えおよび増・改築などによって発生するコンクリート廃棄物の量も年々増加する一方である．

コンクリートは，主に水・セメント・骨材を原料としてつくられているので，それぞれについてリサイクルの現状を解説する．

1 水のリサイクル

コンクリートの製造工場では，練り混ぜ用ミキサーや運搬車（アジテータ車という）を清掃するために大量の排水が発生する．これらは沈殿槽などでスラッジというセメントの残留分と<u>上澄水</u>に分けられる．これらのうち，上澄水と少量のスラッジを含んだ水は計画供用期間が「標準」のコンクリートの練り混ぜに使われる．スラッジは廃棄物として捨てられていたが，セメントへの再利用やアルカリ性を生かして酸性土壌の中和剤などへの利用が勧められている．

2 骨材のリサイクル

コンクリートに使用する細骨材や粗骨材は自然より採取したものであるから，そのためにそれらの環境を破壊していることになる．この量は年間約6億トンであり，国内算出資源全体の4割ほどを占めている計算になる．

一方で，コンクリート廃棄物は年間4千万トン程度が発生していると推測されており，今後さらに増加する傾向にある．そこで将来のコンクリートは，解体した建物のコンクリート廃棄物から骨材を分別し，加工再生することにより，天然資源に頼らずに品質のよい建物をつくれるようにすることが，資源の再利用の点から望まれている．

① 再生骨材の製造

現在，1950年代以降の建物が急速に建て替えられつつある．建物の耐久性や機能の劣化により解体されるが，その廃棄材のうちコンクリート塊（ガラという）を再資源化処理施設に集積した後，粉砕およびふるい分けして適切な粒度分布の骨材として再生産される．

② 再生骨材の種類

再生骨材はモルタルやセメントが付着した状態なので吸水率が大きいため，強度や耐久性が元の骨材より劣る．したがって，その処理の違いにより再生骨材を分類し，繰り返しリサイクルするようになりつつある．

- **a. 再生骨材H（高品質）**：再生骨材に高度な処理を行い元の骨材の品質に近づけたもので，高価である．一般的な強度のRC造建築に使用することができるが，高強度コンクリートには使用できない．

- **b. 再生骨材M（中品質）**：中程度の処理を行って製造された骨材で，凍結融解作用を受けにくい基礎躯体やコンクリート二次製品などに用いることができる．

- **c. 再生骨材L（低品質）**：再生骨材に付着したモルタルを除去しない状態．高い強度が期待できないので，土間と捨てコンクリートなどに使用される．

3 セメントのリサイクル

ガラを粉砕したり，再生骨材のモルタル分を取り除いたりすると微粉末が発生するが，これらやスラッジの成分にはセメントも多く含まれる．ポルトランドセメントと混合して使用することやセメント製造の原料に用いるなどの再生利用が検討されているが，実用化されていない．むしろ，セメントは，その製造時に他の産業廃棄物を利用していることがよく知られている．

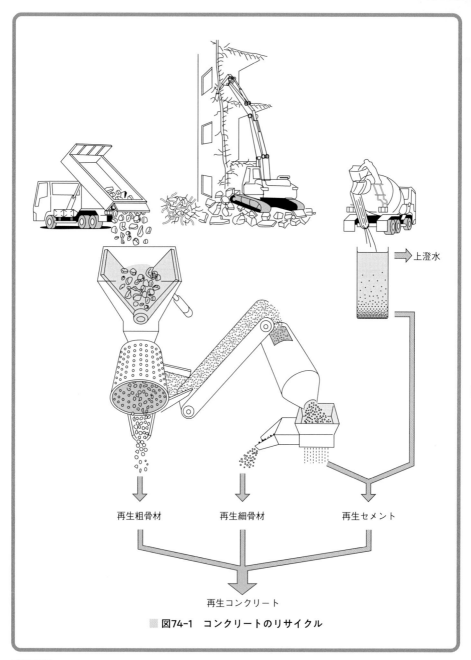

上澄水

再生粗骨材　　　　再生細骨材　　　　再生セメント

再生コンクリート

■ **図74-1　コンクリートのリサイクル**

確認問題　次の問題のうち，正しいものには○，誤りのものには×で答えよ．　　　　解答は 169 ページ➡

□□ ① コンクリート工場で発生する上澄水は，一般的な建築躯体のコンクリートに使用できない．

□□ ② 再生骨材 H の使用用途は，一般的な建築の構造体やプレキャストコンクリートなどである．

□□ ③ セメントの製造時には，ほかの産業で発生した廃棄物を混合したり利用したりしている．

75 金属・その他のリサイクル

1 鋼のリサイクル

鋼の廃棄物は，ほぼすべてが建築材料として再利用することができる．いわゆる鉄くずなどは，回収された後に磁力選別して有害物を取り除いてから電気炉で溶解される．溶かした状態でさらに成分分析を行って，目標とする規格に適合するまで成分調整した後，圧延加工されて所定の太さや形にできあがる．RC造に使う鉄筋コンクリート用異形棒鋼は，ほとんどのものがこのようにしてつくられる．また，丸鋼はさまざまな形に折り曲げられて手すりやボルト，チェーン，作業工具などのごく身近な製品として使用されている．

鋼のリサイクルに，もう一つ高炉スラグという代表的なものがある．鉄鉱石から鋼をつくり出す段階で生ずる残りであるが，これを急速冷却して細かく粉砕したものは水とアルカリ成分の刺激により固まる**潜在水硬性**という性質がある．これをあらかじめポルトランドセメントに混合し，高炉スラグの化学反応がゆっくりと発熱を抑えながら進む特性を生かしたものが高炉セメントである．

また，混和材として練り混ぜるときにポルトランドセメントと置換する方法もあり，高強度コンクリートや高流動コンクリートなどの新しい技術への使用が行われつつある．

スラグは電気炉でも採取できるが，高炉スラグより品質が劣るので，地盤改良材として軟弱地盤を硬化させる場合に使用されている．

2 建設汚泥のリサイクル

建設工事では，地面を掘ってそこに建築をつくるために必ず土を搬出する必要がある．その土は，地山の状態からそのまま掘り出されて埋め戻しに再利用できる土砂と，含水率が高いために泥状になってしまう汚泥に分けられるが，**汚泥は産業廃棄物**として処理するのが一般的であった．年間1千万トンも発生する汚泥をリサイクルする方法として，まず乾燥させて水分を抜き取ることが必要になる．十分に乾いた汚泥は土砂と同様に扱えるが，粘土分を石灰と混ぜて焼成してセメントにしたり，れんがやタイルの原料とする方法があり，積極的に建設資材に利用するようになりつつある．

3 その他のリサイクル

建設やほかの産業で発生した廃棄物の建設資材への再利用について，最近の傾向をまとめてみる．

① ガラスのリサイクル

ガラスとして再利用できないものは，細かく砕いて焼成し形状を整えるとコンクリートの軽量骨材として利用できる．また，タイルの原料に混ぜて焼き上げると通常よりも低い温度で焼成できたり，表面がきらきらと反射する視認性の高い製品をつくることができる．

② 古紙のリサイクル

廃木材と同様にセルロース断熱材にも多く使用されるが，他にコンクリート表面に石状の凹凸をつけるための化粧型枠として再利用されている．

③ ペットボトルのリサイクル

ペットボトルは細かく切断した後に糸状に編み，カーペットやカーテンとして織り上げて再利用する．また，溶かして成形し直し，事務所の床配線用のOAフロアやブラインドとしても使用されている．

④ タイヤのリサイクル

廃棄タイヤは主に舗装材として使われていたが，最近では床の仕上げと下地の間に挟む遮音材・緩衝材や，木造住宅の床下換気用のパッキン，アスファルト防水用ルーフィングなどに利用されている．

■ 図75-1　鋼のリサイクル

ガラスのリサイクル

古紙のリサイクル

ペットボトルのリサイクル

タイヤのリサイクル

■ 図75-2　その他の資材のリサイクル

確認問題　次の問題のうち，正しいものには○，誤りのものには×で答えよ．　　　　解答は 169 ページ➡

□□ ① RC 造で使用される鉄筋の多くは，鉄の廃棄物を電気炉で溶かしたものが使用されている．

□□ ② 鉄鉱石を高炉で熱して鉄をつくる段階で発生する高炉スラグは，鉄骨の建築に再利用できる．

□□ ③ 建設汚泥は適切に処理を行えば再利用できるので，産業廃棄物として指定されていない．

76 高齢者対応とバリアフリー

1 バリアフリーの概要

バリアフリーとは日常生活をしていくうえでの空間上の障壁（バリア）を取り除くことであり，身体障害者や高齢による身体機能の低下に対応して，自立した生活を維持するために考えられた環境の整備，デザインをいう．

また，1989年に米国のロン・メイス（Ron Mace）らにより提案されたユニバーサルデザイン（万人に共通の設計）という考え方も定着しつつある．

① 加齢による身体の変化

50才頃から身体機能の低下は著しくなる．

- ・視力が低下し，まぶしさを感じやすい．
- ・耳が遠くなり，高音が聞こえにくくなる．
- ・足腰が弱くなり，つまずきやすくなる．
- ・動きが鈍くなり，平衡感覚が悪くなる．
- ・嗅覚，触覚，温度感覚などが鈍くなる．
- ・体温の調節，代謝などの能力が低くなる．

結果的に，怪我や事故が起こりやすくなり，日常生活に支障をきたすようになる．

② 設計の基本的考え方

自立や介助のための水平移動，上下移動，生活動作，器具操作が簡単にできる環境をつくる．機能性と安全性を考慮する．

具体的な方法として以下が考えられる．

- ・床の段差をなくし，手すりを設置する．
- ・適切な広さと寸法を確保する（杖の使用・介護・車椅子使用を考慮する）．
- ・安全な勾配を確保する（階段・スロープなど）．

2 材料別留意点

a. 床材：滑りにくく，転んでも怪我をしないようあまり堅い材料は使用しない．光を反射しないもので，掃除しやすく足ざわりのよいものを選ぶ．段差のある部分は材質や色彩を変え，わかりやすくする．

b. 手すり：廊下などで使用する直径3〜4cmの移動用と，立座りなどに使用するしっかり握れる直径2.8〜3.5cmのものに分けられる．取り付ける位置には壁に下地補強を行い，端部は下方や壁方向に曲げ，袖口が引っかからないようにする．材質は木製，金属製，ビニール製，合成樹脂製などがあり，手ざわりや耐久性に配慮することも大切である．

c. 建具：開閉しやすい引き戸が望ましい．V溝レールなどの埋込み式レールやハンギングレールで床の段差を解消し，つまづかないようにする．把手はレバーハンドル式のものが操作しやすい．

d. 照明：十分な照度や配光を考える．まぶしくないシェード付き器具や間接照明などを使用する．

e. 水栓：シングルレバー混合水栓，自動水栓，オートストップ水栓など操作性のよいものを選ぶ．

f. スイッチ：明かり付き大型スイッチ，オートスイッチ，調光機能付きスイッチ．

g. コンセント：足がひっかかっても外れやすいマグネットキャッチ式コンセント．

■ ユニバーサルデザインの指針（7原則）■

1. 公平な使用（EQUITABLE USE）
2. 使用上の柔軟性（FLEXIBILITY IN USE）
3. シンプルな使用方法（SIMPLE AND INTUITIVE USE）
4. わかりやすさ（PERCEPTIBLE INFORMATION）
5. 誤使用に対する考慮（TOLERANCE FOR ERROR）
6. 肉体への負担の軽さ（LOW PHYSICAL EFFORT）
7. 使いやすい大きさと空間性（SIZE AND SPACE FOR APPROACH AND USE）

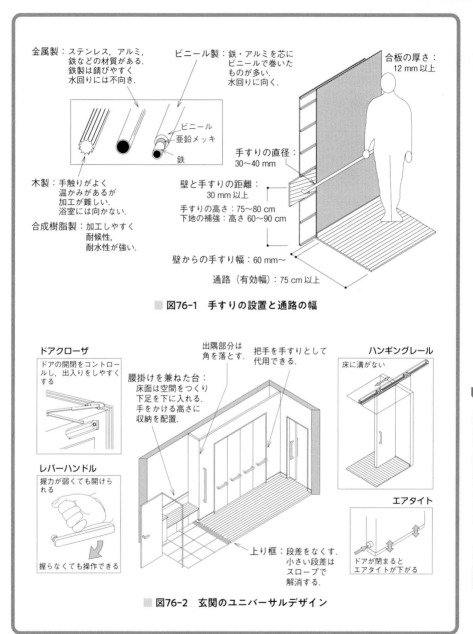

金属製：ステンレス，アルミ，鉄などの材質がある．鉄製は錆びやすく水回りには不向き．

ビニール製：鉄・アルミを芯にビニールで巻いたものが多い．水回りに向く．

ビニール
亜鉛メッキ
鉄

合板の厚さ：12 mm 以上

木製：手触りがよく温かみがあるが加工が難しい．浴室には向かない．

合成樹脂製：加工しやすく耐候性，耐水性が強い．

手すりの直径：30〜40 mm

壁と手すりの距離：30 mm 以上

手すりの高さ：75〜80 cm
下地の補強：高さ 60〜90 cm

壁からの手すり幅：60 mm〜

通路（有効幅）：75 cm 以上

■ 図76-1　手すりの設置と通路の幅

ドアクローザ
ドアの開閉をコントロールし，出入りをしやすくする

レバーハンドル
握力が弱くても開けられる

握らなくても操作できる

出隅部分は角を落とす．

腰掛けを兼ねた台：床面は空間をつくり下足を下に入れる．手をかける高さに収納を配置．

把手を手すりとして代用できる．

ハンギングレール
床に溝がない

上り框：段差をなくす．小さい段差はスロープで解消する．

エアタイト
ドアが閉まるとエアタイトが下がる

■ 図76-2　玄関のユニバーサルデザイン

現代社会と建築材料のかかわり，今後の課題

確認問題　次の問題のうち，正しいものには○，誤りのものには×で答えよ.　　解答は 169 ページ➡

□□① ユニバーサルデザインの7原則の一つである「単純性と直感性」とは，利用者の学習経験や知識，言語，慣習などにかかわりなくわかりやすく，利用しやすいことをいう．

□□② 居住者の高齢化を考慮する場合，出入口の扉は開き戸とすることが望ましい．

□□③ 高齢者の収納扉はからだの動きなどを考慮して折れ戸を原則とする．

77 バリアフリー設計のポイント

1 玄関と移動空間

① アプローチ

凸凹のない床仕上げで水たまりができないようにする．組合せブロックは水はけもよく，目地ができない．石張りの場合は鏡面仕上げは避け，ジェットバーナ仕上げなどで面を粗くし水に濡れても滑りにくくする．飛び石はつまずきやすく，砂利敷きは車椅子使用の場合には動けないので避ける．排水溝のふたは杖や車椅子の通行に支障のないよう，網目の細かいものや丸穴の小さいものを使用する．手すりは金属がむき出しのものは避ける．

② 玄関

ドアは引き戸がよいが，開き戸の場合はドアクローザーを設置する．床は滑りにくく，転んでも怪我をしにくい材質を選び，タイルなどはつまずきを防ぐために目地を深くしない．上がり框の段差には手すりや式台を設置する．

③ 廊下

連続して手すりを設ける．トイレ入口，段差には足もと灯を設ける．廊下が長い場合には３路スイッチを設置する．車椅子が通る部分は壁を傷つけるので，幅木を高くするか車椅子あたりを設置する．

④ 階段

滑り止めを設ける場合は金属を使ったものは避け，踏づらと同一面に収める．踏みこみ板を必ず設け，段鼻を出さないようにする．なるべく両側に手すりを設け，足もと灯，３路スイッチを設置する．補助として，ホームエレベータ，階段昇降機の設置を検討する．

2 寝室

ベッドの使用．窓のクレセントは大型で操作しやすい形を選ぶ．緊急ブザーを設置する．

3 バルコニー

使いやすい高さに上下する，スライド式物干しフックや手すり付き物干し金具を設置し，床の段差をなくすためにすのこを使用する．

4 水回り空間

① トイレ

洋式便器とし，L字肘掛形などの手すりを設置する．扉は引き戸がよいが，開き戸の場合は中で人が倒れても開けられるように外開きにする．床は水に濡れても滑りにくく，掃除がしやすい材質を選ぶ．暖房便座，洗浄便座，非常用ブザー，専用の手洗い器の設置．暖房機は薄型や壁埋込み式が場所を取らない．

② 洗面・脱衣室

耐水合板の下地に水に強く滑りにくい床材を選ぶ．洗面台はイスに座っても使用できるカウンター式でシャワー付きがよい．暖房機はパネルヒータやオイルヒータなどの輻射式が望ましい．

③ 浴室

引き戸または折れ戸で安全ガラスかアクリルガラスなど割れにくいものを選び，緊急時に外から救助できるよう，扉の取外しが可能なものにする．浴槽は和洋折衷型を選び，腰かけを設置する．浴室内での移動，洗い場での立上り，浴槽への出入りなど必要に応じて手すりを取り付ける．サーモスタット付きの可動式シャワー，非常用ブザーを設置する．グレーチングを設け，出入口と反対側に勾配と排水口を付ける．浴室と脱衣室との段差を解消するためにすのこを設置する場合は，メンテナンスのしやすいものを選ぶ．換気装置は，熱交換型換気扇や浴室換気暖房乾燥機がよい．

④ 厨房（台所）

安全装置付または電磁・電気調理器具，イスに座って作業できるカウンターやサポートバー，水はねが少ない泡沫水栓などの使用を考慮し，通報装置・警報装置を設置する．

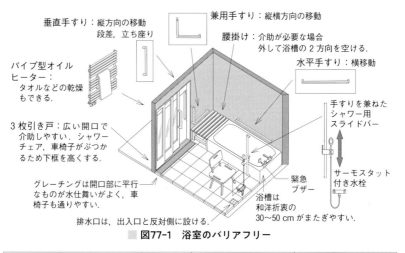

垂直手すり：縦方向の移動
段差，立ち座り

兼用手すり：縦横方向の移動

腰掛け：介助が必要な場合
外して浴槽の2方向を空ける．

パイプ型オイル
ヒーター：
タオルなどの乾燥
もできる．

水平手すり：横移動

3枚引き戸：広い開口で
介助しやすい．シャワー
チェア，車椅子がぶつか
るため下框を高くする．

手すりを兼ねた
シャワー用
スライドバー

グレーチングは開口部に平行
なものが水仕舞いがよく，車
椅子も通りやすい．

サーモスタット
付き水栓

緊急
ブザー

排水口は，出入口と反対側に設ける．

浴槽は
和洋折表の
30〜50 cm がまたぎやすい．

▓ **図77-1　浴室のバリアフリー**

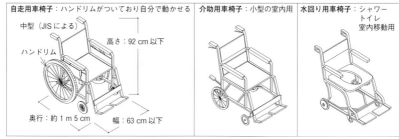

自走用車椅子：ハンドリムがついており自分で動かせる

中型（JISによる）

ハンドリム

高さ：92 cm 以下

奥行：約1 m 5 cm　　幅：63 cm 以下

介助用車椅子：小型の室内用

水回り用車椅子：シャワー
トイレ
室内移動用

▓ **図77-2　車椅子の種類**

▓ **表77-1　屋内の床仕上材の留意点**

(東京都による加齢対応型住宅設計施工の手引き参照)

屋内の床仕上材	留意点
畳	車椅子の使用は畳を傷めるので不向き．敷居に段差を設けない．
フローリング	滑りにくいものを選ぶ．ワックスによる滑りにも注意する．
コルクタイル	滑りにくく，歩行感がよく，断熱性，吸音性も高い．
長尺塩ビシート クッションフロア	耐水性・耐久性に優れ歩行感もよい．濡れても滑りにくいものを選ぶ．耐久性を考慮し，表面の透明ビニール層の薄いものは避ける．
長尺カーペット	毛足の短いものを選ぶ．防炎性・防汚性・耐摩耗性のあるものがよい．
タイルカーペット	滑りにくく，歩行感がよい．耐摩耗性に優れており吸音性もある．防炎・防汚加工されたものを選ぶ．汚れた部分を取り外して洗うことができる．

確認問題　次の問題のうち，正しいものには○，誤りのものには×で答えよ．

解答は 169 ページ➡

□□① 車椅子使用者に配慮した設計では，通路は車椅子を円滑に利用できる有効幅員と空間を確保し，原則と
して段を設けない．

□□② 高齢者の住宅の改修で，階段の手すりを両側に設置するスペースがなく，片側のみにする場合，高齢者
が上るときの利き手側に設置する．

□□③ バリアフリー設計において，居室の作業領域の照度は，眩しさを避けるために照明基準の8割程度と
することが望ましい．

現代社会と建築材料のかかわり，今後の課題

155

78 シックハウス

1 シックハウスの概要

新築・改築後の住宅において，目の痛み・咳・頭痛・発熱・体調不良などさまざまな症状が生じており，**シックハウス症候群**と呼ばれている．主な原因としては住宅の欧米化や工業化による高気密性，新建材・施工材の使用による有害物質の放出，換気の不足などがあげられる．

2 シックハウスの原因物質

建設省が中心となり設置した健康住宅研究会（平成8～9年度）により，**ホルムアルデヒド**，**トルエン**，**キシレンの3物質**，木材保存剤，防蟻剤，可塑剤の3薬剤が，「優先取組み物質」として設定されたが，厚生労働省では個別の**揮発性有機化合物（VOC）**と，**総揮発性有機化合物量（TVOC）**の室内濃度指針値の検討をしており，順次公表している．

また，かび・微生物・消臭剤・芳香剤・クリーナー・ワックス・殺虫剤・アスベスト・タバコ・家具・家電製品・カーテン・カーペットなど，さまざまな複合要因が考えられ不明部分も多い．

3 原因とされる物質の用途

a．**ホルムアルデヒド**：合板やパーティクルボードなどの接着剤．壁紙，壁紙用接着剤の防腐剤．

b．**トルエン**：施工用の接着剤，塗料の溶剤．

c．**キシレン**：施工用の接着剤，塗料の溶剤．

d．**木材保存剤**：木材の防腐，防蟻，防虫，防かび剤として使用する．

e．**防蟻材**：シロアリの被害を防ぐための，土台などの木部処理，土壌処理に使用する．

f．**可塑剤**：プラスチックの材料を加工しやすくするための添加剤．シーリング材，ビニルクロス，合成樹脂系フローリングなどに使用する．

4 健康への影響

a．**ホルムアルデヒド**：発ガン性，異臭，目や喉の痛み，喘息発作，アレルギーなど．

b．**トルエン・キシレン**：倦怠感，知覚異常，吐き気など．

c．**木材保存剤・防蟻材**：倦怠感，頭痛，めまい，悪心，嘔吐，くしゃみ，鼻炎など．

d．**可塑剤**：目・気道の刺激など．

5 改善対策

・原因物質の放散の少ない材料を選ぶ．表面に近い材料，使用量の多い材料に考慮し，とくに床材からは揮発による影響を受けやすいため優先して選択する．

・施工時，施工後の換気を十分行い乾燥する．

・通気・換気を考えた設計をする．JAS，JIS規格木質系材料や自主規格に合致した壁装材料などについては，表示によってホルムアルデヒドの発生量の目安を知ることができる．

・欧米でしばしば行われている方法として，ベイクアウトがある．高温になると揮発性有機化合物の揮発量が増加することを利用し，加熱装置で室温を上昇させ，強制的に原因物質を揮発させる．この場合，建材のダメージに注意が必要である．

6 原因物質の低減化を意図した建築材料

a．**天然材料**：無垢材の使用や，昔ながらの天然の油脂や顔料を配合したり，柿渋・漆などの伝統的な材料を使用したもの．

b．**シール形材料**：下地から有害物質が揮発しないよう，塗料などで被覆したもの．

c．**吸着形材料**：空気中の汚染物質を吸着する材料．聚楽壁，ケイ藻土，左官材料，活性炭や化学的吸着剤を混入したものなど．

d．**汚染物質分解形材料**：光触媒，オゾン，電気などによる分解技術を利用したもの．

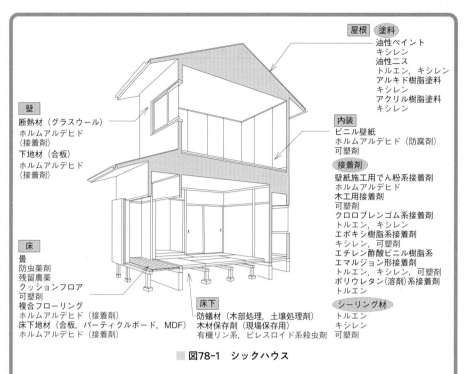

屋根 塗料
油性ペイント
キシレン
油性ニス
トルエン，キシレン
アルキド樹脂塗料
キシレン
アクリル樹脂塗料
キシレン

内装
ビニル壁紙
ホルムアルデヒド（防腐剤）
可塑剤

接着剤
壁紙施工用でん粉系接着剤
ホルムアルデヒド
木工用接着剤
可塑剤
クロロプレンゴム系接着剤
トルエン，キシレン
エポキシ樹脂系接着剤
キシレン，可塑剤
エチレン酢酸ビニル樹脂系
エマルジョン形接着剤
トルエン，キシレン，可塑剤
ポリウレタン（溶剤）系接着剤
トルエン

シーリング材
トルエン
キシレン
可塑剤

壁
断熱材（グラスウール）
ホルムアルデヒド
（接着剤）
下地材（合板）
ホルムアルデヒド
（接着剤）

床
畳
防虫薬剤
残留農薬
クッションフロア
可塑剤
複合フローリング
ホルムアルデヒド（接着剤）
床下地材（合板，パーティクルボード，MDF）
ホルムアルデヒド（接着剤）

床下
防蟻材（木部処理，土壌処理剤）
木材保存剤（現場保存用）
有機リン系，ピレスロイド系殺虫剤

図78-1　シックハウス

表78-1　木質材料等の日本農林規格（JAS）の表示

種類	記号	ホルムアルデヒド放散量〔mg/L〕	
		平均値〔mg/L〕	
F_{c0} タイプ	F_{c0}	0.5 以下	0.7 以下
F_{c1} タイプ	F_{c1}	1.5 以下	2.1 以下
F_{c2} タイプ	F_{c2}	5.0 以下，集成材は 3.0 以下	7.0 以下，集成材は 4.2 以下

表78-2　HDF・パーティクルボードの日本産業規格（JIS）の表示

種類	記号	ホルムアルデヒド放散量〔mg/L〕
E_0 タイプ	E_0	0.5 以下
E_1 タイプ	E_1	1.5 以下
E_2 タイプ	E_2	5.0 以下

表78-3　住宅における化学物質の室内濃度に関する指針値
（厚生労働省による）

物質名	指針値（健康に有害な影響を受けないと判断される値）〔μg/m³〕	
ホルムアルデヒド	100 （0.08 ppm）	以下
トルエン	260 （0.07 ppm）	〃
キシレン	870 （0.20 ppm）	〃
パラジクロロベンゼン	240 （0.04 ppm）	〃
エチルベンゼン	3 800 （0.88 ppm）	〃
スチレン	220 （0.05 ppm）	〃
クロルピリホス	1 （0.07 ppb）	〃
アセトアルデヒド	48 （0.03 ppm）	〃
総揮発性有機化合物（TVOC）	暫定目標値 400	〃

確認問題　次の問題のうち，正しいものには〇，誤りのものには×で答えよ.　解答は 169 ページ➡

□□① ホルムアルデヒド放散量の表示は☆の数により，「F ☆☆☆」より「F ☆☆☆☆」のほうが放散量が大きい.

□□② シックハウス対策として，換気設備を設置することは対策にならない.

□□③ 建築基準法によりシックハウスの規制を受ける化学物質は，ホルムアルデヒドとクロルピリホスの2種類である.

79 品確法・PL法・LCA

建築は建築基準法に定められた性能や品質に従ってつくられているが，人が生活する場所である，器具や商品と違って高価な不動産であり，建物を長期にわたり使用する必要があるなどの理由により，その重要度は高い.

1 建物の品質

建物は多くの材料や技術の集合体であり，その性能の良し悪しについて一律に示すのが難しい．従来は，販売する会社ごとに契約の中で品質保証がなされていたが，法制化して義務づけるようになりつつある.

① 品確法

住宅は人間が生活するためになくてはならない建物なので，その品質を確保して性能の判断をしやすくするために「**住宅の品質確保の促進等に関する法律（品確法という）**」が，以下のように定められた.

- すべての住宅について瑕疵担保の保障期間を10年とし，不具合を無償で直す.
- 建物の性能を項目ごと（構造・防災・劣化・維持管理・環境・高齢者対応）に等級で明示する.
- 住宅に関する不具合が発生した場合には人や物に危害・損害がなくても訴訟が起こせる，などの紛争処理をしやすくする.
- それまで曖昧であった木造住宅の構造について，とくに定量的に性能を定めている.

② PL法（product liability）

建物を構成する部品の中で，工業製品として大量生産されるものは，その部品ごとに品質を保証しなければならない．そのための手段として，製品の欠陥さえ証明できればその製造者に損害賠償を求めることができるように，**製造物責任法（PL法という）**が定められている．以下にその対象となるケースを示すが，建物は不動産になるので，PL法を適用できるのは部品についてのみである.

- 材料に有害な物質が含まれているのに気づかないで使用した場合.
- 製品の形状や仕上げにより，表面が滑りやすい材料を水掛かり部位に使用したなどの不適切な使用の場合.
- 機械系の設備で，構造欠陥や電気配線の不具合がある場合.
- 取扱説明書で危険に対する警告の表示や指示が明確にされていない場合.
- カタログに製品の誤使用を招くような解説や写真を載せた場合.

③ ISO 9000シリーズ

製品の品質を確保するために，製造工程の管理を厳密に行い，かつ，産業社会の国際化による海外進出の必要性から，建設会社ごとに国際標準規格である **ISO 9000** シリーズを取得する傾向が高まってきた.

ISO 9000シリーズには設計から施工までの製造工程を一貫して品質管理するISO 9001と，施工のみを品質管理するISO 9002の規格があるが，認証を取得するだけでなく品質向上のための確認を行い，毎年，管理方法を改善していく必要がある.

2 LCA（life cycle assessment）

世界的な規模で地球環境を保全しようという中で，製品が原料からつくられて廃棄されるまでに生ずる環境への影響を，地球温暖化の原因物質の発生量として表す **環境負荷評価（LCAという）** が進められている．品質や性能だけでなく，環境負荷の削減も製品の価値として認めようという考えであり，ISO 14040において規格化されている.

建築材料も製造・産出・使用を続ける維持管理・廃棄処分，またはリサイクル化などの各段階で，消費エネルギーや二酸化炭素などの発生量をいかに減らすかが問われている.

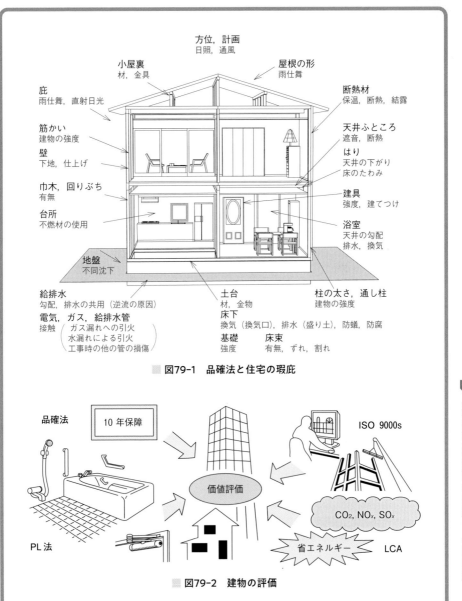

■ 図79-1　品確法と住宅の瑕疵

■ 図79-2　建物の評価

確認問題　次の問題のうち，正しいものには○，誤りのものには×で答えよ．　　　　解答は169ページ➡

□□① 品確法は，「住宅の客観的な評価」「住宅に係る紛争処理体制の整備」「住宅の瑕疵担保保険責任の特例」の三つの柱を設けた法律である．

□□② PL法（製造物責任法）は，「製造物」の「欠陥」が原因で，他人の生命・身体・財産に損害が生じた場合，製造業者等に損害賠償責任を負わせる法律である．

□□③ LCAは大気（温室効果ガス）を評価する手法である．

80 SDGs（持続可能な開発目標）

1 SDGs（持続可能な開発目標）とは

① SDGs 誕生の背景

20 世紀に入り，石油・石炭等の化石燃料をエネルギー源とした工業化が進み，衣食住の生活全般に大変便利で豊かなものとなった．

さらに 20 世紀末からコンピュータ技術の進展により社会の情報化が進み，交通機関の発達とともに短時間で世界中に人・モノ・資本が移動する経済状況（グローバル経済）へ変化してきた．

その反面，環境汚染や二酸化炭素排出量の増加による**地球温暖化**が進み，世界各地で大型台風・水害等を引き起こす自然災害が発生してきた．また，情報化社会の進展によって，国・地域間で経済成長が異なり，貧困・格差・保健衛生等の社会問題が明確となってきた．

これら国境を越えた世界的な諸問題の解決には，国際的・持続的な対応が必要であり，2001 年に国連で開発途上国向けのミレニアム開発目標（MDGs：Millennium Development Goals）が提唱された．

これを基に，2015 年，国連に加盟する国・地域の全体で経済・社会・環境を相互に連携させて調和を図り，誰一人取り残すことなく，諸問題を統合的に解決する世界を実現するための**持続可能な開発目標 SDGs**（Sustainable Development Goals）が誕生した．

② SDGs の目標

SDGs には持続可能でよりよい社会を実現するための **17 の目標（Goals）**がある．

これらは以下の三つに大きく分けられる．

- ・社会面の開発（貧困・飢餓・教育等の撲滅）
- ・経済面の開発（資源の有効活用・働き方の改善・不平等の解消など）
- ・環境面の開発（地球環境・気候変動など）

2030 年を目標達成年限とし，国・自治体・企業・個人の協力が達成のカギとなっている．

2 日本の取組み

① 日本政府の主な取組み

- ・2016 年 5 月「SDGs 推進本部」を設置．本部長（総理大臣），副本部長（官房長官・外務大臣），本部員（全閣僚）で構成
- ・2016 年 12 月「SDGs 実施方針」を策定
- ・2017 年「ジャパン SDGs アワード」発足．SDGs 達成に貢献した取組みを行う企業・団体・教育機関・自治体等を表彰し，活動を「見える化」して促進を図る
- ・2019 年 12 月「SDGs 実施方針改訂版」

SDGs 達成のため「**八つの優先課題**」提示．

② 日本が特に注力すべき「八つの優先課題」

- ・あらゆる人々が活躍する社会・ジェンダー平等の実現
- ・健康・長寿の達成
- ・成長市場の創出，地域活性化，科学技術イノベーション
- ・持続可能で強靱な国土と質の高いインフラの整備
- ・省・再生可能エネルギー，防災・気候変動対策，循環型社会
- ・生物多様性，森林，海洋等の環境の保全
- ・平和と安全・安心社会の実現
- ・SDGs 実施推進の体制と手段

③ 建設業界と SDGs

建設業界と SDGs には多数の関連がある．

- a. **目標 7　エネルギー**：太陽光発電や風力発電等のエネルギー関連施設の開発．
- b. **目標 9　インフラ・産業化・イノベーション**：強靱な社会基盤構築と技術革新．
- c. **目標 11　持続可能な都市**：安全かつ強靱で持続可能な都市及び人間居住を実現する．

経済成長や資源等と密接な関連がある建設業界へ SDGs 達成の期待は大きい．

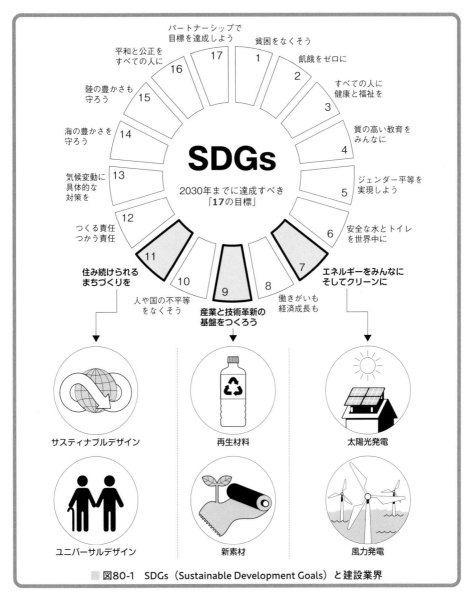

■ 図80-1　SDGs（Sustainable Development Goals）と建設業界

確認問題　次の問題のうち，正しいものには○，誤りのものには×で答えよ．　　　　解答は 169 ページ➡

☐☐① ZEH（ネット・ゼロ・エネルギー・ハウス）は，高断熱外皮，高効率設備，創エネルギー（太陽光発電等）および蓄エネルギーシステム，HEMS・IoT，などの活用により，年間の一次エネルギー消費量の収支 0（ゼロ）を目指した住宅である．

☐☐② 我が国において，太陽光発電システムの年間発電量が大きくなるのは，方位は南西，設置傾斜角度は45 度程度で太陽電池パネルを設置した場合である．

☐☐③ BOD（生物化学的酸素要求量）は，水質汚濁を評価する指標で，数値が小さいほど汚濁がひどいことを表している．

確認問題　解答

1 建築と材料　　確認問題なし

■ 木材

2 木材と日本建築
①（○）　　②（×）　　③（○）

＊伊勢神宮内宮正殿（三重県）は，「神明造り」の代表的建築で，正面入り口は平側（平入り）に設けられている．倉庫として用いられた高床式家屋が転化したものと見られ，基礎石や土台はなく，掘立て柱となっている．

・鹿苑寺金閣（京都府）は，最上層が禅宗様仏堂風，二層が和様仏堂風，一層が住宅風の形式の建築物である．

3 木材の特徴と構造
①（○）　　②（×）　　③（×）

・木材の乾燥収縮率は，繊維方向より年輪の接線方向のほうが大きい．
・心材（赤身）の方が強度・耐久性に優れ，辺材（白太）よりシロアリの食害を受けにくい．

4 木材の種類
①（×）　　②（○）　　③（○）

・スギやヒノキなどの針葉樹は軟木といわれ，加工がしやすく，構造材にも適している．

5 伐採と製材
①（×）　　②（○）　　③（○）

・木表は樹皮側の面，木裏は木の中心側をいう．

6 木材の性質
①（×）　　②（○）　　③（○）

・繊維飽和点は，木材の含水率30%程度（自由水無し）の状態をいう．含水率15%程度の，大気中の湿度と同じ状態（平衡状態）は，気乾状態という．

7 合板・集成材
①（○）　　②（○）　　③（×）

・乾燥材を用いるので変形が少ない．

■ 石材

8 石材の歴史　　確認問題なし

9 石材の特徴
①（×）　　②（×）　　③（○）

・花こう岩は耐火性に劣る．
・大理石は，耐酸性・耐火性に乏しいので，室内の装飾用に適している．

10 石材の採石と加工
①（○）　　②（×）　　③（×）

・石材の表面の仕上方法としては，本磨仕上・水磨仕上・ジェットバーナー仕上などがある．本磨は艶出し，水磨は艶消し，ジェットバーナーは表面に凹凸をつけることで滑りにくくする仕上である．
・凝灰岩は大谷石などがあり，軟らかく加工しやすいが，風化しやすい．

■ セメント・コンクリート

11 セメント・コンクリートの歴史
確認問題なし

12 セメントと骨材の特徴
①（×）　　②（○）　　③（○）

・セメントが風化しないように，シートなどで覆い，風に当たらないようにする．

13 コンクリートの特徴と種類

①（×）　②（○）　③（○）

・コンクリートと鉄筋は，ほぼ同じ線膨張係数で約 1×10^{-5} である．

14 まだ固まらないコンクリートの特徴

①（×）　②（×）　③（○）

・水量の増減でコンクリートの流動性が変化するのは，コンシステンシーである．
・一般的な建築用コンクリートのスランプは 18 cm であり，許容誤差は ±2.5 cm である．

15 コンクリートの調合

①（×）　②（○）　③（×）

・普通コンクリートの水セメント比は 65% 以下，単位セメント量が 270 kg/m^3 以上である．
・調合強度とは，調合管理強度に強度のばらつき分の割り増しを加えた強度である．

16 コンクリートの混和材料

①（○）　②（○）　③（○）

17 コンクリートの物性

①（×）　②（×）　③（○）

・強度比率は，圧縮強度 100 に対して曲げ強度が 20，引張強度が 10 程度である．
・中性化は，水セメント比が大きく，単位セメント量が小さいほど早く進む．

18 コンクリートの施工と養生

①（×）　②（○）　③（×）

・コンクリートは，工場で製造してから型枠内に打設するまでの限度が 2 時間である．
・コンクリートの硬化を阻害しないためには，打設後 5 日間は 2℃ 以上の温度に保つ．

19 コンクリート製品

①（○）　②（○）　③（×）

・ALC 版は，多孔質なので断熱性に優れている．

20 コンクリートブロック

①（×）　②（○）　③（○）

・全断面積に対する圧縮強さの規定が 4 N/mm^2 以上の A 種より，8 N/mm^2 以上の C 種の方が高い．

■ 金属

21 金属の歴史　　確認問題なし

22 鉄・鋼の特徴

①（×）　②（×）　③（○）

・鋼材は，炭素含有量が多くなると硬質になり，引張強さが大きくなる．ただし，粘り強さは下がる．
・ヤング係数（弾性率）は大きいと材料が固く，小さいと材料が柔らかいことを示す．ヤング係数を測ることで，建築に使用する木材や鋼，コンクリートやアルミなどの固さが分かる．

23 鋼の加工と腐食

①（○）　②（○）　③（×）

・鋼材は，炭素含有量が多くなると，一般に，溶接性が低下する．

24 型鋼・鋼板・棒鋼

①（○）　②（○）　③（×）

＊鉄骨の構造用鋼材の代表的な材料規格である SS 材・SM 材・SN 材

SS 材（JIS G 3101：一般構造用圧延鋼材）：鉄鋼材料の中でも最も一般的な材料で，建築だけでなく橋梁や機械設備等，多くの用途で使われている．

SM 材（JIS G 3106：溶接構造用圧延鋼材）：軟鋼にマンガンやシリコンなどを添

加して溶接性を向上させた鋼材. 溶接の多い大規模ビルを中心に使われている.

SN 材（JIS G 3136：建築構造用圧延鋼材）：阪神淡路大震災を契機に用いられるようになった. 建築物の構造材料としての使用を想定し, 耐震性や溶接性についての指標（塑性変形能力, 炭素当量, 溶接割れ感受性, 耐衝撃性など）が組み込まれている.

・FR 鋼：火に耐性があり, 耐力が落ちにくい（600℃で規格値の2/3程度）, 耐火被覆が不要または一部省略が可能（大臣認定を要する）となる.

25 鉄管・接合金物

①（○）　②（○）　③（×）

・接合に羽子板ボルトを使用する.

26 アルミニウム・ステンレス

①（×）　②（○）　③（○）

・アルミニウム材の比重は, 鋼材の比重の約1/3である.

27 その他の金属

①（×）　②（○）　③（×）

・緑青は銅が酸化することで生成される錆で, 銅板の表面に皮膜をつくって内部の腐食を防ぐ効果や, 抗菌効果がある. 緑青そのものには毒はない.
・亜鉛めっきは, 優れた防腐性があるうえに密着性が高く, コストパフォーマンスにも優れるため, 幅広い工業用品・日用品に使われている.

■ 焼成品

28 陶磁器の歴史　確認問題なし

29 タイル

①（○）　②（○）　③（×）

・せっ器質タイルの吸水率は, 磁器質タイルより大きいが, 透水しないため外装材としても使用される.

30 かわら

①（○）　②（×）　③（○）

・粘土がわらは, 粘土を混練・成形・焼成した屋根材の総称で, JIS の製法区分では釉薬瓦（陶器瓦）, いぶし瓦, 無釉瓦に分けられる. 設問はいぶし瓦（黒瓦）の記述である.

31 れんが・セラミックブロック

①（○）　②（×）　③（○）

＊全形（210 mm×100 mm×60 mm）, ようかん（210 mm×50 mm×60 mm）, 半ようかん（105 mm×50 mm×60 mm）, 半ます（105 mm×100 mm×60 mm）, さいころ（100 mm×100 mm×60 mm）などがある. また, JIS（日本産業規格）には, 普通レンガ（JIS R1250）, 建築用レンガ（JIS A5213）, 耐火レンガ（JIS R2204〜2206, JIS R2213）などが定められている.

・セメントレンガ（コンクリートレンガ）はセメントと砂, 砂利や砕石と水などを混ぜて枠に入れたあと乾燥させ, 養生してつくられる. 焼いていないため耐熱性・耐寒性はレンガに劣るが, 耐圧性に関してはコンクリートレンガのほうが高い.

＊エフロレッセンス（白華現象）の主成分は炭酸カルシウムであり, コンクリート構造物の強度には特に問題はなく無害であるが, 外見上の問題となることがある.

32 衛生陶器・陶管

①（×）　②（○）　③（×）

・ＳトラップはＰトラップに比べ, 自己サイホン作用による封水の排出が起きやすい.

・洗落し式は，水の勢いのみで排出するため，溜水面は狭く封水深が浅い．サイホン式に比べて，臭気が発散しやすく汚物が付着しやすい．

■ プラスチックス
33 プラスチックスの特徴と種類
①（○）　　②（○）　　③（×）

・耐熱性があり，仕上材，家具用に使用される．

■ 防水材料
34 防水の歴史とアスファルト
確認問題なし

35 アスファルト防水
①（×）　　②（○）　　③（○）

・通常は数値の高いものほど軟質である．

36 合成高分子ルーフィング・塗膜防水
①（○）　　②（×）　　③（○）

・接着剤の良否で防水性能に影響がある．

■ ガラス
37 ガラスの歴史と特徴　　確認問題なし

38 ガラスの種類
①（○）　　②（×）　　③（×）

・金属網を封入した板ガラスで，割れても破片が飛散しないため，防火用として使用される．ガラスと鉄の熱膨張率が異なるため，熱割れや錆割れの自然破損は起きやすい．
・倍強度ガラスは加工後の切断はできない．

39 各種のガラス
①（×）　　②（○）　　③（○）

・合わせガラスは，2枚の板ガラスの間に特殊フィルムを挿入して密着させたガラスである．設問は，複層ガラスの記述である．

40 ガラス製品とチェックポイント
①（×）　　②（×）　　③（○）

・ガラスブロックは，内部の空気が真空に近い状態で，断熱性・遮音性ともに高い．
・ガラスブロック壁には，鉄筋や緩衝材を用いるため，地震や風圧に十分な強度を保つことができる．

■ 屋根材
41 セメントかわら・スレート
①（×）　　②（○）　　③（○）

・住宅屋根用化粧スレートは，セメントと繊維質原料などを加圧成形したもので，軽量で耐震性が高い．

42 金属板・とい
①（○）　　②（○）　　③（×）

・ガルバリウム鋼板はアルミニウム・亜鉛合金めっき鋼板の名称であり，亜鉛めっき鋼板と比べて耐久性に優れている．

■ ボード・合板
43 壁下地材
①（○）　　②（○）　　③（×）

・ケイ酸カルシウム板は，軽量で耐火性に優れているため，耐火構造の天井や壁に使用されるが，直接雨水がかかる外壁や浴室などの湿潤状態の場所には使用しない．

44 繊維板・パーティクルボード
①（○）　　②（○）　　③（×）

・単板積層材は，単板の繊維方向を揃えて，積層接着したものである．

■ 左官材料

45 左官の歴史　　確認問題なし

46 モルタル塗
①（×）　　②（○）　　③（○）

・モルタル塗は，水硬性の塗り壁材料で水と反応して固まる．

47 プラスター塗・しっくい塗
①（○）　　②（○）　　③（×）

・しっくい塗は，気硬性の塗り壁材料で空気と反応して固まる．

48 土壁（珪藻土を含む）
①（×）　　②（○）　　③（○）

・荒壁，中塗りと同一の土を使用し，仕上げにいろいろな種類の色土を使用する．
・繊維壁は，パルプ，紙繊維，化学繊維などを原料に「のり」を混ぜ水で練ったもので，上塗り材として使用される．施工は比較的容易で，吸音性や調湿性に優れている．耐久性が他の塗り壁材より劣るため，近年ではあまり使用されない．

49 人造石塗・積層石材
①（○）　　②（×）　　③（○）

・テラゾー現場塗りは，種石の粒子を粗い仕上りにしたものである．

■ 内・外装材

50 断熱材
①（×）　　②（○）　　③（×）

・グラスウールは，吸水すると断熱性能が低下するので，湿度の高い場所における断熱材としては用いない．

・ポリスチレンフォーム等のプラスチック系の断熱材は，紫外線による劣化のおそれがあるため，直射日光下で長期間放置してはいけない．

51 外壁材
①（×）　　②（×）　　③（○）

・ガラス繊維混入セメント板は，セメント系材料にガラス繊維を混入したものである．曲げ強度が高く薄肉化が可能で，施工性にすぐれ，内外装パネルとして用いられる．
・窯業系サイディングは，セメント質原料，繊維質原料等を主原料として，板状に成形し，養生・硬化させたもので，防火性・耐火性に優れている（設問の記述は ALC パネルの内容となる）．

52 カーテンウォール
①（×）　　②（○）　　③（○）

・カーテンウォールは，建築物の外周に設けられた，荷重を支持しない壁のことであり，材質は金属板，ガラス，ブロック，プレキャストコンクリートなど様々ある．

53 壁紙類
①（○）　　②（×）　　③（○）

・工事現場では，壁紙にくせが付かないように，巻いた壁紙は立てて保管する．

54 カーテン・ブラインド
①（○）　　②（○）　　③（×）

・防炎カーテン（防炎ラベル）は，可燃性の布に特殊剤を加工して燃えづらくしたり，糸自体が燃えづらい素材でつくられたものであり，全く燃えないわけではない．

■ 天井・床仕上材

55 天井仕上材

①（×）　　②（○）　　③（×）

- ロックウール化粧吸音板は，吸音性・防火性・断熱性に優れており，天井の仕上材に使用される．
- 野縁は，天井板張りなどの下地に用いる細長い部材である．

56 床仕上材（1）

①（×）　　②（○）　　③（×）

- 一般のモルタルには防水効果がなく水が浸透する．また，防水モルタルには防水効果があるが完全ではないため，床や外部に使用する場合には防水塗装を行う．
- 一般のクッションフロアには，遮音効果はほとんどない．これとは別のウレタン発泡層がついた，L45 遮音性能付のクッションフロアには，遮音効果がある．

＊床組には，根太を用いない剛床（根太レス工法）と根太を用いる工法があり，束は近年は，鋼製束（または樹脂製束）の使用が多くなっている．

＊塩ビタイルはP（プラスチック）タイルとも呼ばれ，プラスチック樹脂を原料とする床材のことをいう．汚れにくく，硬質で耐久性，耐水性，耐摩耗性に優れている．コンポジションビニル床タイルは，単層のため摩耗には強く，摩耗しても柄がすりきれることがないが欠けやすい．また，価格は比較的安価なものが多い．ホモジニアスビニル床タイルは，複層で柔らかく，割れたり欠けたりしにくい．

57 床仕上材（2）

①（×）　　②（×）　　③（○）

- 床暖房には床暖房対応，遮音には遮音性能（L値）のある材料と工事方法を選ぶ必要がある．

- 大理石を床に使用する場合，水に濡れると滑りやすい，転倒の際怪我をしやすい，などの点を考慮する必要がある．

58 畳・カーペット

①（○）　　②（○）　　③（×）

- ビニールカーペットは主にビニールとグラスファイバーを原料としてつくられているため耐久性が高く，室内と屋外の両方で使用できる．

59 各種の床仕上材

①（×）　　②（×）　　③（○）

- 電気式の方が立ち上りは早く，施工も容易である．
- 床の防水工事には，FRP 防水工事・ウレタン防水・シート防水・アスファルト防水などがあるが，FRP 防水は最も工期が短い．

■ 塗料・接着剤

60 塗料

①（○）　　②（○）　　③（×）

- 合成樹脂エマルションペイントは，水溶性でアルカリに強く，モルタル面やコンクリート面に適している．

61 接着剤

①（×）　　②（○）　　③（○）

- 耐水性，耐熱性などが劣っているので，屋外における使用には適さない．

■ 建具

62 木製建具

①（○）　　②（○）　　③（×）

- 木製建具材の加工・組立時の含水率は，特記がなければB種とし，天然乾燥18% 以下，人工乾燥15% 以下とする．

63 金属製建具

①（×）　　②（○）　　③（○）

・アルミサッシは，熱伝導率が高く，結露を生ずる．

■ 設備機器
64 システム家具・システムキッチン

①（○）　　②（×）　　③（○）

・設問はアイランド型キッチンの記述である．ペニンシュラ型は，キッチンの片側が壁面に接している半島型のキッチンである．

65 浴槽・洗面化粧台

①（×）　　②（×）　　③（○）

・パーツを組み立てるだけのユニットバスは，ほかの工法よりも工期は短い．
・ステンレス浴槽は熱伝導率が低いステンレスを使用しており，下部に発泡ウレタンを吹付けしてあるため保温性が高い．

66 照明計画

①（×）　　②（○）　　③（○）

・色温度が高いほど白く青みを帯びる．色温度が低いほど黄色から赤みを帯びる．

67 空気調和設備

①（○）　　②（×）　　③（×）

・冷水・温水をコイルに通して室内の空気を温度調節できるが，換気はできない．
・パンカルーバーはある1点へ集中的に風を送るので，分散させるためにはアネモスタットがよい．

68 消防設備

①（○）　　②（×）　　③（○）

・屋内消火栓設備には，火災に気づいた人が押すことで発報する警報機がついている．

69 エレベータ・エスカレータ

①（○）　　②（×）　　③（○）

・油圧式エレベーターは，油の圧力を利用して昇降させるエレベーターで，機械室を必要としない．

■ 外構・仮設
70 門扉（もんぴ）・カーポート

①（×）　　②（×）　　③（○）

・鉄素材のため経年劣化やサビといった点に，注意とメンテナンスが必要である．
・補強コンクリートブロック造はコンクリートブロック内部に鉄筋を通して補強する．ブロックや，石，レンガなどを積み上げてつくるものは"組積造"という．

＊建築基準法により高さと構造に規定がある塀は，大きく分けて「補強コンクリートブロック造」と「組積造」の二つがあげられる．補強コンクリートブロック造がコンクリートブロック内部に鉄筋を通して補強してあるのに対し，組積造はブロックを積み上げてつくるもので，石やレンガなどを積むこともある．

71 仮設資材

①（○）　　②（○）　　③（×）

・直射日光を避けて保管する．

■ 現代社会と建築材料のかかわり，今後の課題
72 環境と建築

①（×）　　②（×）　　③（○）

・設問はパッシブデザインの記述である．冷暖房機器や照明などの機械設備を組み合わせることによる設計手法を，アクティブデザインという．

- CASBEE（建築環境総合性能評価システム）は，省エネルギーや環境負荷の少ない資機材の使用といった環境配慮はもとより，室内の快適性や景観への配慮なども含めた，建物の品質を総合的に評価し，格付けするシステムである．

⁷³ 木質材料のリサイクル
①（○）　②（○）　③（×）

- 木材のうち細い廃棄物などは，植物繊維の状態にして板状に固めたり，他の材料と混ぜて再利用される．

⁷⁴ コンクリートのリサイクル
①（×）　②（○）　③（○）

- 上澄水は建築躯体に使用できるが，計画供用期間が「長期」以上の建築には使用できない．

⁷⁵ 金属・その他のリサイクル
①（○）　②（×）　③（×）

- 高炉スラグは，混合セメントやコンクリートの混和材として RC 造の建築に再利用できる．
- 汚泥は廃棄物処理法で産業廃棄物に指定されており，処理の方法として脱水や成分調整をして再利用もされている．

⁷⁶ 高齢者対応とバリアフリー
①（○）　②（×）　③（×）

- 高齢化を考慮する場合，出入口の扉は引戸が望ましい．
- 収納扉は引戸を原則とする．折れ戸は開閉時のからだの動きが少なく済むが，開閉時に指を挟むなどすることもあるため，安全に使えるかどうかの確認が必要になる．

⁷⁷ バリアフリー設計のポイント
①（○）　②（×）　③（×）

- 階段の手すりを両側に設置するスペースがない場合は，高齢者が降りるときの利き手側に設置する．
- 居室の作業領域の照度は，日本産業規格（JIS）における照明基準の 2 倍程度とすることが望ましい．

⁷⁸ シックハウス
①（×）　②（×）　③（○）

- JIS および JAS におけるホルムアルデヒド放散量の等級区分の表示記号では，「F☆☆☆」より「F☆☆☆☆」のほうが放散量は小さい．
- シックハウス対策として，原則としてすべての建築物に機械換気設備を設置することが建築基準法で義務付けられている．

⁷⁹ 品確法・PL 法・LCA
①（○）　②（○）　③（×）

- LCA（環境負荷評価）は大気（温室効果ガス）だけでなく，水や土壌への評価を含む．

⁸⁰ SDGs（持続可能な開発目標）
①（○）　②（×）　③（×）

- 年間発電量が大きくなるのは，一般に，方位は真南，設置傾斜角度は 30 度程度で太陽電池パネルを設置した場合である．
- 数値が大きいほど水質汚濁がひどいことを表している．

用語解説

漆（うるし）

うるしの木から採取した樹液でつくられた天然素材の塗料．漆器などに使われる．

階段昇降機

高齢者などの階段移動が困難な場合の介助に際し，エレベータの設置が難しい場合に階段に取り付ける機器である．住宅用は固定型で，段板に固定したレール上を椅子が昇降するものが多く，直通，曲がり階段とも設置できる．

柿渋（かきしぶ）

渋柿の実を原料とした液で，木や紙に塗り，防水，防腐用に使われる．

瑕疵（かし）

工事請負契約に示された設計図面，仕様書に適合しないものや雨漏りなどの，建築の欠陥をいう．工事終了後，すぐに欠陥が現れない場合も考えられ，品確法によって建築の部位により，10年間保証を義務付けている．

環境共生住宅

地球環境の保全と調和を図るため，太陽光・雨水などの自然エネルギーの利用や，資材の再利用による資源の有効活用を目指している．さらに，健康と快適さに配慮した材料の選択により，人間と環境の共生を図るシステムを持つ住宅として注目されている．

揮発性有機化合物

VOC（Volatile Organic Compounds）揮発性のある有機化合物の略称．常温では液体だが，揮発しやすく，呼吸により肺から体内へ取り込まれ血液中に吸収される．全物質の人体への影響については，解明が期待されている．

組合せブロック（インターロッキング）

屋外で組み合わせて平坦に敷き詰める置敷き型のブロックで，透水性があるため，水溜りができず，水に濡れても滑りにくい．

車椅子あたり

室内での車椅子使用に際し，車輪などの接触で壁に生じる破損から保護するために車椅子のフットレストや車輪軸が当たる高さ（床高35cmほど）まで張上げる巾木を指す．通常の巾木を数段重ねて代用する方法もある．

ケイ（珪）藻土（そうど）

ケイ藻類の堆積した軟質の泥土で，白色または淡黄色を示す．吸水，吸着性に優れており，住宅の内装材として壁材などに使用される．シックハウス対策や自然素材としても注目されている．

サポートバー

姿勢保持のためにつかまったり，寄りかかったりできる手すりとして，高齢者・身障者用のキッチン・カウンターに多く取り付けられている．

3路スイッチ

階段の上下や廊下の両端などの離れた場所のどちらからでも照明の点灯，消灯ができるように配線されたスイッチをいう．

式台

一般には，玄関先に設ける一段低い台（敷台）をいい，玄関での上下動を緩和して，段差によるつまずきを避けるために設置する．高さは上り框（かまち）の寸法を等分に割ったものとするのがよい．

ジェットバーナー仕上げ

石材の表面を粗い仕上げにするために，酸素とガスによるジェットバーナーで焼き飛ばして加工する．さざ波状の起伏となり，水に濡れても滑りにくい．

聚楽壁

本来，京都付近に産する土を用いた日本建築の土壁の一種で，栗色，灰黄色を示す.

ソーラーシステム

エネルギー資源の有効活用のため，屋根に集熱板をのせ，床下に蓄熱層を設けて太陽エネルギーを利用するシステムなどがある. 電気・暖冷房・給湯などを供給する.

ナチュラルハウス

「身体の健康，精神の平安，環境との調和」を基準に考えた住宅であり，木材やしっくい，粘土，塗料など自然素材を使用して建設されている. さらに，材料だけではなく，設備や構造面からも自然と人間の融和を図るよう計画されている住宅である.

熱交換型換気扇

室内の排気熱と外気温度を熱交換させる装置で，外気温度を調節して室内に取り込むことができ，室内の温度を一定に保ちながら換気することが可能な機構の換気扇である.

光触媒

光を吸収して植物の光合成のような触媒反応を起こし有機物を分解する. 抗菌，防臭，ホルムアルデヒドの分解機能があり，塗料などいろいろな分野で利用され始めている.

V溝レール

引き戸の敷居部分に埋め込む浅いV溝のレールで，戸車がこの上を動く. 通常の敷居のように床から突出せず，つまずきを防げる. あらかじめ組み込んだ部材も販売されている.

泡沫水栓

水栓の吐水口の先に取り付け，空気と混ざって細かい泡状になった水が蛇口から出てくる仕組みで，水はねが少ない.

ホームエレベータ

定員2～3名の個人住宅専用のエレベータで，一般ビル用のものとは異なる規格である. 年に1回の定期検査が義務付けられている.

ホルムアルデヒド

化学式 HCHO. 無色で刺激性のある可燃性気体である. ホルマリンはホルムアルデヒドの水溶液で殺菌作用がある. 人体に有害.

無垢材

加工されていない単一材質でできている材料，塗装をしていない生地のままの状態の木材などをいう.

和洋折衷型浴槽

和式と洋式の中間サイズの浴槽で，外形長さが1～1.4 m，幅70～80 cm，深さ50～55 cmくらいのもので背の部分がやや傾いている.

索　引

INDEX

ま行

〈著者略歴〉

廣瀬幸男（ひろせ ゆきお）
　1952 年生まれ
　一級建築士・福祉住環境コーディネーター

赤石辰夫（あかいし たつお）
　1964 年生まれ
　日本工学院専門学校建築設計科 勤務
　1 級建築施工管理技士・コンクリート主任技士

遠藤真弘（えんどう まさひろ）
　1960 年生まれ
　一級建築士

廣瀬妙子（ひろせ たえこ）
　1950 年生まれ　アトリエ・モナド 代表
　一級建築士・インテリアコーディネーター・福祉住環境コーディネーター

作画協力：廣瀬文香（ひろせ あやか）

- 本書の内容に関する質問は，オーム社ホームページの「サポート」から，「お問合せ」の「書籍に関するお問合せ」をご参照いただくか，または書状にてオーム社編集局宛にお願いします．お受けできる質問は本書で紹介した内容に限らせていただきます．なお，電話での質問にはお答えできませんので，あらかじめご了承ください．
- 万一，落丁・乱丁の場合は，送料当社負担でお取替えいたします．当社販売課宛にお送りください．
- 本書の一部の複写複製を希望される場合は，本書扉裏を参照してください．

JCOPY ＜出版者著作権管理機構 委託出版物＞

絵とき　建築材料（改訂 3 版）

1988 年 12 月 30 日	第 1 版第 1 刷発行
2002 年 8 月 10 日	改訂 2 版第 1 刷発行
2022 年 7 月 15 日	改訂 3 版第 1 刷発行

著　　者　　廣瀬幸男
　　　　　　赤石辰夫
　　　　　　遠藤真弘
　　　　　　廣瀬妙子
発 行 者　　村上和夫
発 行 所　　株式会社 オーム社
　　　　　　郵便番号　101-8460
　　　　　　東京都千代田区神田錦町 3-1
　　　　　　電話　03(3233)0641（代表）
　　　　　　URL　https://www.ohmsha.co.jp/

© 廣瀬幸男・赤石辰夫・遠藤真弘・廣瀬妙子 2022

印刷・製本　三美印刷
ISBN978-4-274-22890-2　Printed in Japan

本書の感想募集　https://www.ohmsha.co.jp/kansou/
本書をお読みになった感想を上記サイトまでお寄せください．
お寄せいただいた方には，抽選でプレゼントを差し上げます．